日本まじない食図鑑

お守りを食べ、縁起を味わう

吉野りり花

青弓社

日本まじない食図鑑

お守りを食べ、縁起を味わう

目次

はじめに　ごあいさつに代えて――007

第1章　まじない食を訪ねる旅へ――009
なぜ、まじない食に興味をもったのか

第2章　キュウリが夏の病の身代わりに――015
神光院の「きゅうり封じ」［京都府京都市］

第3章　巨大なワラ人形で厄落とし――026
若神子のほうとう祭り［山梨県北杜市］

第4章　若者たちが切り分けた塩鯛を安産のお守りに――039
早魚神事［福岡県福岡市］

第5章　豆腐を食べて一年分の嘘を帳消しに――051
八日吹きのうそつき豆腐［鳥取県鳥取市］

第6章　一年のはじめに豊作を祈る――064
民話のふるさと遠野の小正月［岩手県遠野市］

第7章　龍神様のナスが夏の毒消しに――082
お諏訪様のなすとっかえ［埼玉県狭山市］

第8章 巨大なタラを担いで大漁祈願 ―― 094
掛魚まつり〔秋田県にかほ市〕
第9章 男の子の健やかな成長を祈る ―― 108
八朔の団子馬〔香川県丸亀市〕
第10章 大根を食べると中風にならない ―― 120
鳴滝・了徳寺の大根焚き〔京都府京都市〕
第11章 お釈迦様のはなくそで病よけ ―― 127
涅槃会と花供曾あられ〔京都府京都市〕
第12章 馬っこに団子を供えて豊年満作 ―― 134
馬っこつなぎとしとぎ団子〔岩手県遠野市〕
第13章 都会のまじない食 ―― 142
しょうが祭りのしょうが、こんにゃくえんまのこんにゃく、氷室祭りのカチワリ氷
〔東京都八王子市・港区・文京区／大阪府大阪市〕
参考文献一覧 ―― 149
巻末資料 まだまだある、全国の食べるお守り・まじない食 ―― 150
あとがき ―― 153

カバーイラスト ―― 川口澄子
カバー・本文デザイン ―― 和田悠里〔スタジオ・ポット〕

はじめに
ごあいさつに代えて

自然とはいったい何か。そんな素朴な問いから本書は始まった。

自然はいつも私たちのそばにあり、私たちが生きていくのになくてはならないもの。米、野菜、肉、魚、果物、山菜といった食べ物を与えてくれるもの。大気を作り出し、私たちを育んでくれるもの。やさしい緑は私たちを癒してくれる。しかし、ときには荒ぶり、嵐となって猛威を振るい、その恐ろしさを私たちに見せつけることもある。どんなに科学が発達しても、人間の力で自然をねじふせることはできない。

文明が発達した現代で快適な都市生活を送っている私たちに自然の脅威を強烈に思い出させたのが、二〇一一年の東日本大震災だった。日頃は、食料であり生活の糧を得るための魚を与えてくれるものだった海。その海が地震によって突如牙をむき、大津波になって多くの人を飲み込んでしまった。自然の大きな力を前にして、人間になすすべはないと思い知らされた。

しかし、地震や津波といった自然災害はいまに始まったわけではない。人類は誕生以来、自然と常に向き合ってきた。海に囲まれた島国で農耕・漁業を営んできた日本人は、自然とうまく折り合いをつけながら作物を育て生活してきたはずだ。長い歴史のなかで、人の力ではどうすることもできない自然と、日本人はどう向き合ってきたのだろうか――おそらく自然を受け入れ、できるだけ自然災害の被害が小さくすむようにと祈ってきたのではないか。その素朴な祈りが形になったものが、各地に伝わる民間伝承であり、祭りだった。そして祈りを捧げるとき、自然から人への贈り物である食べ物を供物として捧げてきたのではないだろうか。

本書では日本各地に残る、素朴な祈りと結び付いた食べ物を「まじない食」と定義づけ、紹介していく。まじないとは、神仏や目に見えないものの力を借りて、災いをよけ幸運を引き寄せようとすること。これを食べることで厄よけになる食べ物だから「まじない食」だ。各地に伝わる「まじない食」を俯瞰すれば、「日本人が何を恐れ、何を願ってきたか」が見えてくるのではないかと私は考えている。

古くから受け継がれてきた伝統食や民俗行事は、いま急速に姿を消しつつある。伝承の担い手だった世代が高齢化し、生活も近代化し、農業や漁業は主産業ではなくなった。あと十年もしたら、行事食を作る人もいなくなってしまうかもしれない。そんないまだからこそ、「まじない食」を記録し、残しておきたい。

祈りのそばにはいつも食べ物があった。日本人は何を祈り、何を願ってきたのだろうか。さあ、「まじない食」を巡る旅へ出発しよう。

第1章

まじない食を訪ねる旅へ
なぜ、まじない食に興味をもったのか

自然災害と隣り合わせの鹿児島で

最初に少しだけ私自身の話をしよう。私が生まれ育ったのは九州最南端の鹿児島県。小さいころは薩摩半島の南端にある指宿市に住んでいた。指宿は一部に亜熱帯気候の場所もあるくらい南国ムード満点の土地だ。海岸にはマングローブが自生し、道路脇にはシュロやナツメヤシが立ち並ぶ。太陽がさんさんと降り注ぎ、人々もいつも笑っているようなラテン系の土地だった。

夏には毎年台風がやってくる。位置的に、まだどこにも上陸していない台風が強い勢力を保ったまま襲来するので、その威力はすさまじい。屋根の瓦が飛ばされたり、小屋が飛ばされたりすることもあった。断水や停電になることも多く、台風が近づくたびに、緊張し、おびえて過ごした。

台風が近づくと、まず断水に備えて生活用水と飲み水を確保する。生活用水は風呂の湯船に水を張ってためておく。飲み水は鍋ややかんに水をためて備えた。まだペットボトルなど売っていない

ころだから、飲み水の確保は最重要事項だ。水や電気が数日間止まっても食料に困らないようにと、母は大急ぎで大量のおにぎりや煮物や味噌汁を作り、忙しく動き回っていた。

鹿児島には活火山の桜島があり、土壌は火山灰が降り積もったシラス台地が大半を占める。シラス台地はもろく崩れやすいので、大雨が降れば土砂崩れの危険もある。山から音がしたらすぐに逃げられるように、リュックサックに避難グッズを入れ、背負ったままで眠った。停電になれば、数日間ろうそくの明かりで過ごす。子どもが、台風で氾濫した河川に流されてしまったこともあった。

錦江湾の向こうにそびえる桜島は一日中モクモクと煙を噴き上げ、ときどき大きな噴火を起こす。鹿児島市内を車で走っていると、噴火で飛んできた小石でフロントガラスが割れてしまうこともある。私が育った土地は、そんなふうに、いつも厳しい自然と隣り合わせの場所だった。ブーゲンビリアやハマユウの花、まばゆいくらいに照り注ぐ太陽。南国らしさを作り上げる自然は、ときとして牙をむき、人間の命も奪ってしまう恐ろしいものでもある。子どもながらに、そう感じた。

大学進学のために上京した私は、東京という安全な大都会に拍子抜けするほど驚いた。大きな地震もなく、台風もめったにこない、洪水も少ない。電車は深夜まで動いているし、コンビニエンスストアだって飲食店だって二十四時間営業している。闇もなければ、不便もなく、自然の怖さなどみじんも感じられない。まれに台風がやってきても、街には高いヒールで歩くギャルがいっぱいいた。私にとって、これはかなりのカルチャーショックだった。「ヒールは危ないから、足をけがしないように長靴履かなきゃ……。雷鳴る前に自宅に退避！」といまでも心の中で叫んでしまう私がいる。

「三つ子の魂百まで」とはよくいったものだ。余裕たっぷりの友人たちとは対照的に、台風がくると知ると私はやっぱり鍋に飲み水をためてしまう。「大丈夫だよ、台風なんてたいしたことないし、コンビニ開いてるし」と友人にあきれられるが、やめられない。だが、何年も住むうちに私も東京の暮らしに慣れ、「自然は怖い」という感覚は薄れていった。

そんな私に自然の恐怖を思い出させたのが、二〇一一年の東日本大震災だった。その日、私は東京の自宅にいたが、幸いにも揺れは震度5程度、大きな被害もなかった。しかし連日続く余震や停電、帰宅難民などの混乱、そしてニュースで知らされる被災地の惨状は、自然への恐怖心を思い出すのに十分すぎた。

そのころ、わが家にはまだ新生児の赤ん坊がいて、私も慣れない育児と仕事の両立でてんやわんやしていた時期だった。そこへ追い打ちをかけるように原発事故のニュース。まだ一人では歩くこともできない乳児をなんとしてでも守らなければという気持ちも恐怖に拍車をかけた。余震におびえながら、飲み水をため、おにぎりをわんさか作り、リュックサックに避難グッズを詰める。大きな揺れがきたら、子どもを抱いて逃げ出そう。何かあったらちゃんとわが子を守れるだろうか。そう考え、幾晩も眠れない夜を過ごしていた私の脳裏に、やがてこんな疑問が湧き上がってきた。

日本列島に住む以上、地震や津波や台風から逃れることはできない。ずっと昔からそうだったはずだ。たくさんの人の命を奪ってしまうこの自然の恐ろしさと、人々は昔から向き合ってきたはずだが、日本人はこの恐怖とどう対峙してきたのだろう。

宗教だろうか。いや誰もが宗教にすがって生きているわけじゃない。もっと身近な日常に根づいた祈りの形があったのではないだろうか。

神社で感じた日本文化

もう一つ、私が祈りのそばにある食べ物に興味をもつきっかけになった出来事があった。上京後、大学で日本文学を専攻していた私は、日本の近代文学研究のゼミに参加していた。まだ大学に進学したばかりの私は、「日本文学は日本文化と人間を見つめる学問だ」とふんわり考えてしまっていた。しかし、作家研究のゼミで学ぶ内容は少し違っていた。年代を突き合わせたり、文献の瑕疵を問題にしたり、重箱の隅をつつくような内容にだんだんと違和感を覚えるようになった。

何か違う。自分がやりたかったのは、こういうことではない。もっとこう、人間を見つめて日本文化に飛び込むようなことがやりたかったような気がする。そのためにはどうしたらいいのだろう、その場所はどこにあるのだろう。

当時の私は、それが民俗学と呼ばれるジャンルの学問であることにも気づいていなかった。自問自答する日々が続き、ある日思いついた。そうだ、神社だ、神社で働こう。先人が作り上げた日本文化そのものを体感できる場所に飛び込んでみればいいじゃないか！

そう思いついたら止まらなくなった。「タウンページ」を見ながら東京中の神社に片っ端から電話をかけ、「私を巫女として採用してもらえないでしょうか」と尋ねてみた。いま思えばぶしつけな話だが、何十も電話したなかの数社から一度社に来てみてくださいと返事をもらった。そして私は、アルバイトながら晴れて巫女として神社に奉仕させてもらえることになったのだ。

巫女というと、みなさんはどういうイメージをおもちだろうか。初詣にいくとお守りやご神札を授与してくれる白衣緋袴の女性が頭に浮かぶだろうが、巫女の仕事は実に多岐にわたる。神職の補佐役として神事の進行を務めることもあるし、お札を組んだり、結婚式や祭礼で舞を奉納することもある。もちろん境内の掃除や一般事務もすべてやる。

そんな神社での仕事のなかでも最も印象深いのが神饌の準備だ。神饌とは毎朝神前に供える食べ物のことで、いわば神様の食事。お神酒、水、米を土器《かわらけ》に入れたもののほか、旬の野菜や果実、干物などを神前にあげる。神職が神饌をあつらえるために、巫女たちは食材を用意するところから始める。

神職や巫女は、毎朝、社内をきれいに掃き清めたあとに、檜の香りが漂う本殿に入り、三方にナスやキュウリ、イモなどの生饌、スルメイカなどの熟饌などをあつらえ、きれいに整え、神前に上げる。同じようにお神酒も上げる。本殿の階段の上り方にも決まりがあった。神道では真ん中を正中といい、神様が歩く道と考える。そのため神前に進むときには、神様に失礼がないように、真ん中から最も遠い階段の端から、一足一足すり足をするように上る。こうして細心の注意を払い、神様をうやまいながら神饌をあげることで、私たちが普段食べている食材が特別な何かに変わるように感じた。

正月が近づくと巫女の仕事は忙しくなる。日常(ケ)のときと祭り(ハレ)の日は神饌も違う。大みそかには神職が境内のヒバの木から葉をつんで、三方にのせ、そこに活鯛をあつらえる。神職が神饌をあつらえる所作の一つひとつがとても美しかった。私が祭祀や祈りのそばにある食べ物に興味をもつようになったのは、ここからだった。

縁起食・まじない食を訪ねて

祈りや祭りに関わる食べ物は神饌だけに限らない。正月のおせちや一月七日の七草粥のように日常生活のなかに根づいているものもあるし、地域の祭りにも儀礼食がある。健康や五穀豊穣などの願いを込めた縁起食とは、自然への畏怖の念と生活の折り合いをつけるための知恵だったのではないか。できるだけ自然災害が少ないように祈り、身近にあった食べ物を捧げる。食べ物のなかの呪術的な力を信じ、生老病死にまつわる願いごとを託し、それによって安心を得る。それが「まじない食」だったのではないか。そんな仮説から、私のまじない食を訪ねる旅が始まった。

※本書では、神事、仏事、伝承行事のなかで何かの願いを託してお供えされる食材、食べられる料理を「まじない食」と定義した。

第2章

キュウリが夏の病の身代わりに
神光院の「きゅうり封じ」〔京都府京都市〕

「祈りや願いと結び付いた食べ物」というと、いったいどんなものだろうとピンとこない人も多いかもしれないけれど、実は身近なところにたくさんある。正月に食べるおせちはその代表格だろう。

おせちはお重のなかに縁起食のスピリットが凝縮された「縁起食の見本市」だ。それぞれの料理に意味があり、語呂合わせや見た目から数々の願いごとが託されている。黒豆は「まめに暮らせるように、まめに働けるように」。昆布巻きの昆布は「よろこんぶ」から「喜ぶ」に転じたもの。エビのつや煮はエビのくるんと曲がった姿から「腰が曲がるまで長生きできるように」、数の子は「子宝に恵まれるように」、栗きんとんやキンカンの黄色い色は輝く大判小判を連想させるから金運アップ。だて巻きは巻物に似ていることから知識や教養が増えるように。日々健康に、まめに働き、お金に恵まれ子宝に恵まれ、心豊かに長生きできますように。そんな願いがぎゅうぎゅうに込められたおせちは、例えるなら「願いの小箱」だろう。おせちは日本人がどんなことを願ってきたのかを教えてくれる。

昔、家庭で行事食を作る役割を担っていたのは女性だった。共働きが当たり前の昨今、女性も平日は勤めに出ていることが多いため、年中行事を暦どおりにおこなうことも難しくなってきている。でも正月だけは例外だ。一年のはじめを穏やかな心で迎え、新年最初の食事としておせちを食べ、気持ちも新たに一年の健康と幸せを祈る。これだけは毎年欠かさないという人もまだまだ多いだろう。

そのほかにも私たちになじみ深い縁起食には、年中行事と結び付いた行事食がある。とりたてて意識せずとも毎年食べているものもきっとあるはずだ。一月七日の七草粥、二月三日の節分の豆まきの豆、三月三日の雛祭りの雛あられ。五月五日のこどもの日に食べるかしわ餅、中秋の名月にお供えする月見団子……。これらの行事食にももちろんそれぞれ意味がある。七草粥は無病息災を祈るもの。節分の豆は病をもたらす鬼を追い払うため、雛あられは女の子の健やかな成長を願い、かしわ餅は子孫繁栄、月見団子は収穫への感謝を込めたものだ。

このように人間の思いはさまざまにあるけれど、そのなかでも最も根源的で人が避けて通ることができないのはなんだろう。それはやはり、死への恐怖と、それにつながる病を恐れる気持ちなのではないだろうか。人は誰も死から逃れられないのだから。そのためか、まじない食には「これを食べると病気にならない」とされるものがかなり多い。

病よけのまじない食は、暑さ・寒さが厳しい夏と冬に集中している。夏と冬は病よけと健勝を願い、春は五穀豊穣を祈り、秋は豊作を感謝する。これが、四季に合わせて暮らす日本人の願いごとの基本形だった。

おせちや行事食は日本全国共通のものが多いが、ほかにもその土地の歴史や風土を色濃く反映した独特のまじない食が存在する。

土地の旬の食材を使い、神仏に捧げ祈ることで、厄よけや開運を願う。そんなまじない食にはどんなものがあるのか。これから追っていきたい。

まず最初に、キュウリが病封じの大役を担う、なんともキュートなまじない食を紹介しよう。土用の丑の日に京都でおこなわれる「きゅうり封じ」の主役はなんとキュウリ。サラダや浅漬けでおなじみの、あのキュウリだ。いつもは食事の脇役として目立たない（失礼！）存在のキュウリが、この日は病封じのお守りに大抜擢され、主役の座に躍り出るという。これは実際にこの目で見てみなければ。私は、きゅうり封じがおこなわれる夏の京都へ一人乗り込んだ。

ＪＲ京都駅に降り立ったのは午前中のこと。夏の京都は暑さが厳しいことで有名だが、さすがに盆地の夏、ゆでダコになってしまいそうな猛暑が待っていた。駅から市バスに乗り込み、目指すは西賀茂にある真言宗寺院の神光院。のんびりバスに揺られ、二条城や晴明神社前を過ぎたあたりで、乗客はぐんと少なくなった。ここから先は観光客が訪れない場所、つまり地元の人のテリトリーだ。そんな普段着の京都に、私はキュウリの勇姿を拝みにいくのだ。はやる気持ちを抑え、乗車すること四十分ほどで、私は「神光院前」のバス停に着いた。

バスを降りると、目の前にはコンビニエンスストアや畑が点在するごく普通の住宅街が広がる。神光院はどこだろう――前を歩く女性に「神光院はどこですか？」と聞くと、女性は不思議そうに首をかしげ「ここですー」と隣のブロック塀を指さしてくれた。しまった、あまりにも周囲に溶け込んでいるから気づかなかった。若干の恥ずかしさを覚えながら、私はそそくさと正門に回った。

神光院は「西賀茂の弘法さん」と呼ばれ、東寺、仁和寺とともに京都三弘法にも数えられる真言宗の寺院で、門には「きうり加持　諸病平癒　厄難消除」と書いた紙が貼ってある。「きうり加持」は江戸時代から毎年土用の丑の日におこなわれてきた。途中、明治時代の廃仏毀釈のころに一旦途絶え、一九四五年ごろから再開されたそうだ。

法要は一日に何回かあるというけれど、次の回までにはまだ時間がある。それまで境内を歩いてみようか。茶室を見学し、池のほとりを歩き、本堂に向かった私の目に、キュウリの山が飛び込んできた。梵字をかたどった石碑の前に白い掛け紙と紅白の水引を付けたキュウリたちがうずたかく積み上げられ、その横に「きうり塚」と書いてある。ぶふっ、と思わず噴き出してしまった。

キュウリが水引のドレスをまとって、すまし顔で主役の座に納まっている。笑ってはいけないかもしれないが、よそいきのキュウリがなんだかとってもかわいらしい。これは、面白い。いまから始まる「きうり封じ」への期待も高まってきた。

江戸時代から伝わる秘儀
——「きゅうり封じ」

きゅうり封じは病魔悪鬼をキュウリに封じ込めて、無病息災を得る秘儀だ。編み出したのは真言宗の開祖である弘法大師だと伝わる。キュウリのなかには「内符」が挟み込んであり、そのキュウリで体の悪いところやよくなりたい部位をさすり、持ち帰って家の庭土に埋めることで病気よけになるという。

土用の丑の日といえば夏の盛りでいちばん暑い時期。昔は病気をしやすい時期として用心されていた。冷房がなく医学もいまのように進歩していなかった時代には、夏の病は命取りだったはず。キュウリに身代わりになってもらって病気を封じ込めようという考え方は現代人からすれば酔狂としか思えないが、昔の人にとっては切実な願いだったのだろう。それにしても、その切実さがいまではちょっとコミカルに思えてしまう……。だって、キュウリなんだもん。

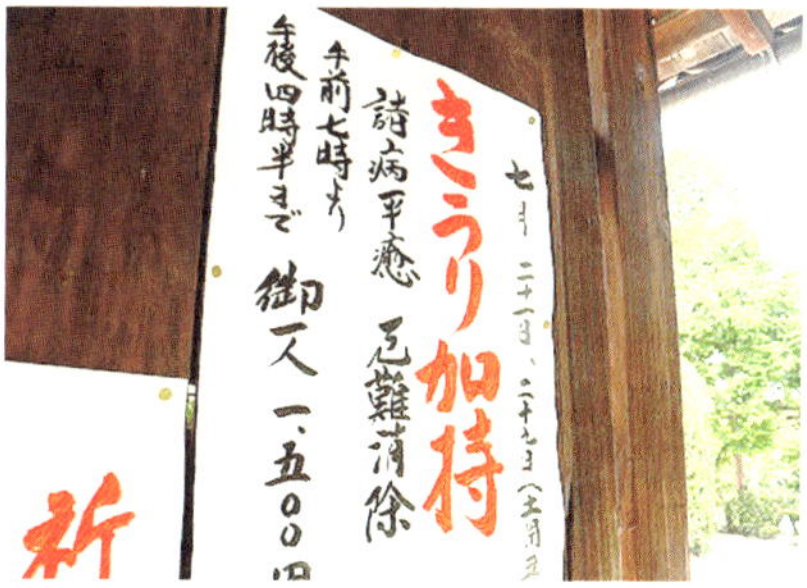
きうり加持
諸病平癒 厄難消除
午前七時より
午後四時半まで
御一人 一、五〇〇

霊力を得たキュウリに夏の病を封じ込める

本堂では「きうり加持」の申し込みをすませた参拝者たちが法要の開始を待っていた。私もそっとその列に加わる。加持祈禱を受けるには一人千五百円を奉納し、用紙に病名と名前、年齢、住所を記入することになっている。遠方ならば郵送や代参でもかまわない。

寺の方から渡された紙には「キウリ加持の御祈禱は、弘法大師が大日如来の心境に入って修行遊ばした御祈禱であります。大日如来は私たちが生活して居る自然界を現した仏様です。私たちの恐れて居る全ての病気は肉体の何処かに不自然なことが発した時に生ずる現象であります。そこで自然界の本体である大日如来の観念に住して不自然に生じた肉体の病気をキウリの中に封じ込み之を土中に埋めて、キウリが自然界にとけ込むと同時

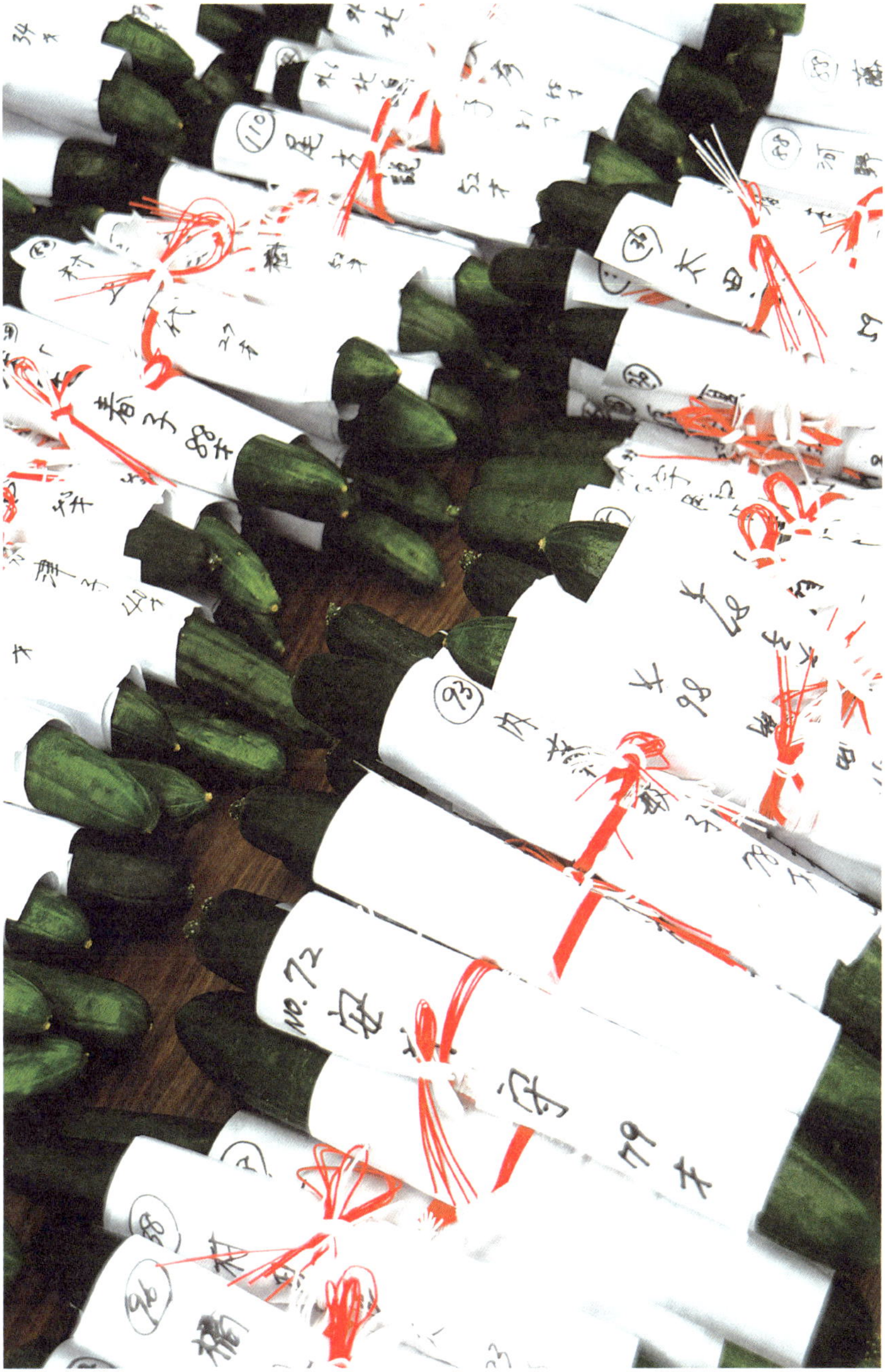

に病気も同化消滅すると云う御祈禱であります」と書いてある。

　ということは、キュウリは病気を背負ったまま土に埋められ、バクテリアに分解されることで、病も自然に還るということだろうか。思いもよらぬ曼陀羅のような世界が脳内に広がった。めくるめくスケールのキュウリ曼陀羅だ。

　灯明が下がる祭壇の前に住職がやってきた。三方には掛け紙と水引を付けたキュウリがうやうやしく積み上げられ、それぞれに氏名と年齢が書いてある。住職は鉦を鳴らし真言を唱えたあと、キュウリを一本一本取り上げて香呂の上で円を描くような仕草を始めた。いままさにキュウリに病魔悪鬼を封じ込める霊力が宿っているのだろう。見えないけど、すごいかも。不思議な気持ちになりながら、横目でちらっと参拝者の方々を眺めると、みなさん目をつぶり合掌して真言を唱和している。住職は参拝者に向き直り、名前と年齢を呼び上げながら参拝者に厄よけキュウリを手渡し始めた。

名前を呼ばれた人は住職からキュウリを受け取り、ぬかずかんばかりに深々と礼をしている。高齢の方もいれば、代参だろうか、幼児の名前も遠方の住所もある。小さな子どもや祖父母・曾祖父母など、ここにいる誰もが大切な人の病気平癒を祈っているのだろう。

　全員がキュウリを受け取ると、参拝者たちはそれぞれ晴れ晴れとした表情でキュウリを手に本堂を出ていく。そのまま帰途につく人もいれば、先ほどのきうり塚に向かう人もいる。病を封じ込めたキュウリは土に埋めることになっているが、昨今はマンション住まいなどで庭がなく、家に土があるスペースがない人も多い。そういう場合は境内のきうり塚にキュウリを奉納して帰るのだ。さっきのキュウリの山はその山だったのか。噴き出したのを申し訳なく思いながら、私ももう一度きうり塚に向かった。

なぜキュウリなのか？
——土とともに自然に還るというマクロな視点

なぜキュウリが身代わりの食材として選ばれたのか。その理由を尋ねると、住職はこう説明してくれた。「キュウリというのは九〇パーセントが水分でできていて、腐りやすい性質をもっていいます。きゅうり封じでは病を封じ込めたキュウリを土に埋めますが、それは土のなかでキュウリが腐って自然に還ってくれるから。病とともに大いなる自然に還っていく。そういう考え方です」

病もろとも土に還るとはなんとマクロな発想だろうか。人間も自然の一部であり、大きな目でみれば、いずれ自然に還っていく存在だ。身代わりになったキュウリも、人の願いも、すべて自然の一部になって土に還る。きわめてスケールが大きな祈りの償却法じゃないか。さっき脳内に描かれた曼陀羅が、キュウリと人間の願い転生曼陀羅として、ばっちり補完された。

かぼちゃ供養、大根焚き
——京都に伝わる野菜のまじない食

きゅうり封じがおこなわれるのは京都では神光院だけではなく、市内では五智山蓮華寺と神光院の二カ所でおこなわれ、ほかに京都府綾部市・羅漢山宝住寺のきゅうり封じ薬師大祭がある。また愛媛県西条市では世田薬師の「夏祈禱封病きうり封じ修法」がある。福岡県筑紫野市の天台宗椿花山武蔵寺には瓜封じなるものもある。考えてみればキュウリも瓜も同じウリ科の野菜だ。やはり夏の野菜でこの時期手に入りやすい食材だったということに加え、水分が多く腐りやすいことが理由だったのだろうか。ちなみにきゅうり封じではキュウリを食べることはしない。キュウリはあくまで病気を引き受けて身代わりとなり自然に還る役割を担っていたようだ。

京都では同じく七月に住蓮山安楽寺で中風まじないかぼちゃ供養がおこなわれ、ひょうたんのような形をした鹿ヶ谷カボチャを煮物にして振る舞う。十二月には矢田寺でかぼちゃ供養がおこなわれ、冬至のころに霊力を増すとされるカボチャをなでたあとに、かぼちゃ接待としてカボチャの煮物が振る舞われる。いずれも中風よけ（病気にならない）と信じられているが、こちらは実際に食べることもできるから、食材のパワーを体に取り込むイメージがわいてくる。

　九月、中秋の名月の日に京都・赤山禅院でおこなわれるへちま加持は、へちま水が咳止《せきど》めに使われたことから、天台宗の秘法で喘息封じを祈願する。この日から月が欠けていくため、病を滅するとも連想された。十二月には各寺院で大根焚きがおこなわれ、大根の皮に梵字を書いて炊いたものを食べることで病気にならないとされる（大根焚きについては「第10章　大根を食べると中風にならない——鳴滝・了徳寺の大根焚き」で詳しく紹介する）。キュウリ、カボチャ、ヘチマ、大根。京都では旬の野菜をまじないの材料に使う風習が多いのも興味深い。

　ちなみに、瓜封じで瓜が使われるのは輪切りにしたときの断面が密教法具の法輪に似ているからで、瓜には病魔や災厄を封じ込める霊力があると信じられていたという。こういう霊力を信じるところからまじないが生まれるが、実のところこういった縁起や効能に関しては「あとづけなのでは？」という声を聞くことも多い。しかし、それでもかまわないのだ。何かにこじつけ、つじつまを合わせてでも、必死に祈らざるをえない願いがある。それこそが人の姿なのだから。

　たくさんの人たちの願いを託されて、キュウリは今年も土に還る。

きゅうり封じ

開催場所／京都府京都市北区西賀茂神光院町　神光院
開催時期／毎年７月21日と土用丑の日
問い合わせ先／075-491-4375（神光院）

第3章

巨大なワラ人形で厄落とし

若神子のほうとう祭り［山梨県北杜市］

山梨県の郷土食にほうとうがある。小麦粉で作った幅広い麺で、うどんとよく似ているけれども、うどんとは違う。そういわれても、他県の人間からするといまいちピンとこないのだが、どこが違うのか。

まず一つは、うどんは塩を練り込んで生地を寝かせて作るのに対して、ほうとうは塩を使わず生地を寝かさずに作ること。もう一つは、ほうとうを調理するときには下ゆでせずにそのまま鍋に入れ具材と一緒に煮込んで食べることだ。うっかり「うどんの仲間？」と思ってしまいがちなほうとうだが、ほうとうとうどんはれっきとした別の料理らしい。ほうとうの名誉のためにもお間違いなきよう。

ほうとうの代表的な食べ方は、味噌ベースのつゆにカボチャを入れて煮込んだもの。甲州弁ではこれを「カブチャのほうとう」と呼ぶが、カボチャの甘さがほうとうによく合い、おいしい。野菜もたくさんとれるし、体も温まるので冬場にはもってこいだ。夏には温かい醤油ベースのつゆに、冷やしたほうとうをつけて食べる「おざら」という食べ方もある。平べったい麺につゆがよく絡み、涼味満点でこちらもなかなかいける。

「ほうとう」の由来には諸説あるが、語源は穀物を粉にする意味の「ハタク」からきたのではないかとされる。甲斐国を代表する武将・武田信玄が兵糧食に用いたという説は、一九六〇年代以降に広まったものだとか。放蕩から名づけられたという珍説もあるようだが、実際のところ由来は明らかではないらしい。

甲府盆地一帯は山地が多く、稲作には適さない土地が多かった。そのため、狭い耕地を有効に使うため、米の裏作として大麦や小麦が作られた。大麦は米飯に入れて麦飯として米の増量剤として使われ、水車で粉にした小麦はほうとうとして主食になった。塩を使わずに小麦粉と水を練って作るほうとうは、大なべに直接放り込んで調理することができるので手間がかからない。大家族でも簡単に取り分けて食べることができ、昔から重宝された。

そんなわけで、山梨の県民食ともいえるほうとう。それならばほうとうを使ったまじない食もあるのではないだろうかと調べてみると、やっぱりあった。文化庁の「記録作成等の措置を講ずべき無形の民俗文化財」にも指定される北杜市須玉町若神子のほうとう祭りでは、お汁粉でほうとうを煮込んだ小豆ほうとうを振る舞うという。

毎年七月（旧暦の六月三十日前後）におこなわれるほうとう祭りは一七五〇年くらいから続いていて、虫送り行事に禊祓行事がミックスされたものだ。稲の害虫よけのためにドンドン火が焚かれ、ワラ人形に厄を移して最後はドンドン火でお焚き上げする。祭りでは小豆ほうとうが振る舞われ、これを食べて五穀豊穣を願う。別名「粉ほうとう」とも呼ばれる小豆ほうとうは、この日にだけ食べられる儀礼食だ。

甘いほうとうなんて食べたことがないし、甘いうどんも未経験。限りなくミスマッチな味を想像して口のなかがすっぱくなるけれど、百聞は一食にしかずだ。県民食のほうとうがまじない食に使われているのなら、やっぱり味わってみなければ。
さあ、目指すは八ヶ岳山麓にある北杜市だ。

厄を吸い取る巨大なワラ人形

中央本線長坂駅を降りると、あたり一帯には避暑地のようにさわやかな高原の空気が漂っている。長坂駅前に響くのはセミの声の大合唱、林間学校にきたような気分だ。ほうとう祭りがおこなわれる三輪神社（氏子総代長・中田二照氏）は須玉町若神子地区にあり、駅からさらにバスで三十分ほどかかる。ぼんやりとセミの声を聞きながらしばらく待ち、コミュニティーバスに乗り込んだ。

来る前に祭りについて市役所に問い合わせたとき、「でもー、地域のちっちゃなお祭りですよ？」と役場の人が不思議がっていたが、確かに観光地ではない若神子地区には、何もない。土地にゆかりのない自分がここにいることが不思議な感じもするが、自分が育った小さな街を思い出しもして、懐かしいような申し訳ないような複雑な気持ちになった。私のふるさともこういうところ、こういう風景だった。田んぼと畑と農道とねぎぼうずの匂いがよみがえる。昔は退屈で仕方ないと思っていた懐かしい地元に、私はもう数年帰っていない。

ＪＡ須玉支店前のバス停でバスを降りると、どこからかおはやしの音が聞こえてきた。農道には御祭礼と書かれたちょうちんが下がり、あたりを華やかな雰囲気に染めている。一気に祭り気分が盛り上がった。祭りばやしに耳を傾けていたら、ふっと記憶がよみがえった。

小さいころ、自宅の裏にあった水神様の秋祭りがとても楽しみだった。普段は誰もいない小さな神社が、祭りの日だけはまったくの異空間になる。毎日遊び場にしていた階段にぼんぼりが下がり、露店で埋め尽くされる。

日が暮れるとぼんぼりの薄紅色の光に照らされたそこは、もういつもの水神様ではなかった。幻

想的な非日常への入り口だ。わくわくしながら階段を上る。年に一度だけ現れる美しい異界を、私は心待ちにしていたっけ。

ちょうちんに招かれるように農道を進むと、田んぼ道の向こうにこんもりとした森が見えてきた。きっとあそこだ。神社を探すときは、地図を見なくても森を目印にすればいい。おはやしの音に足どりも軽く、私はうきうきと神社に近づいた。

鳥居をくぐると境内には土地の人が三十人ほど集まり、祭りの準備をしていた。三輪神社は大美和大物主大神を祭神とする神社。昔は村の鎮守様だったのだろう、小さな神社だ。武田信玄から十九代さかのぼる新羅三郎義光の子である服部三郎義清が鉄面と掛け鏡を奉納したと伝わっているので、千年以上の歴史があることになる。

鳥居の横では大鍋にぐつぐつと何かがゆでられ、もうもうと湯気を立てている。一つには小豆を使ったお汁粉、もう一つの鍋にはほうとうが。これで小豆ほうとうを作るのだ。踵を返し社殿のほう

を向くと、田んぼと山々を見渡すようにして何かがぬっと立っている。近づくと、巨大なワラ人形ではないか！

二メートル近くあるだろうか、おなかに白い腹掛けをしたワラ人形の顔にはやけに太い眉。顔立ちが妙に人懐っこい。そして股間に目がいく。ワラで男性器をかたどったものがニョキッと立っている。立派すぎる。

思わず目のやり場に困り、そわそわする私。だが、目をそむけちゃいけない。というのも虫送り行事に使われるワラ人形はたいてい、股間のモノ(陽物)が強調されているのだ。東北に伝わる男性器そのものをかたどった金精様信仰からもわかるように、陽物は子孫繁栄の源であり、強さや力の象徴だ。この立派な陽物があってこそ、ワラ人形は禊祓をする強い力をもつともいえる。

やがて神事が始まった。参拝者は社殿にお参りして神紙を受け取って体を拭い、それをワラ人形の腹掛けのなかに入れていく。「体の悪いところ、よくなりたいところをなでて、ワラ人形の同じ場所をなでて、腹掛けのなかに紙を入れてね」と神社総代が声をかけ、送り出す。もともとは虫送り行事なので、農作業で傷んだ体の厄を落とす意味があるが、現代では勉学向上を願って頭をなでたり、体のよくしたい部分を拭ったりもする。

地元の中学生だろうか、男の子たちが熱心に頭をさすっている。サッカーがうまくなるかな、と足を拭う子もいる。と思えば、小さい赤ちゃん連れのお母さんが子どものおなかをなでる姿もある。赤ちゃんは不思議そうにワラ人形の顔を見上げ、両親がその頭をなでる。さて、巨大なワラ人形に一礼し、私は社殿に集まる土地のみなさんにごあいさつに向かった。

貴重品の砂糖をたっぷり使った小豆ほうとう

「ほうとう祭りを見学させてもらってもいいですか?」と声をかけると、「どこからきたの? え、わざわざ、東京から? このお祭りを見に?」と驚きながら対応してくれたのが、神社総代の田中邦夫さんだった。「まあ、ひとつ呼ばれて」と甲州弁で小豆ほうとうを勧めてくれた。

お汁粉にほうとうが入った甘い小豆ほうとうは、ねっとりした濃い甘さを想像していたが、予想に反してあっさりしている。「おいしい!」と私が

下宿

下宿

言うと、田中さんは「だろ？　塩の使い方がうまいんだ」とほくほく顔でうれしそう。

この小豆ほうとう、以前は祭りの日に各家庭で作っていた。しかしいまでは家庭で作ることは少なくなったので、神社で振る舞うようになった。ほうとうは別ゆでせずに鍋にそのまま入れる調理法が一般的だが、小豆ほうとうの場合は別々にゆでないと硬くなってしまうから、できあがった汁粉にあとからゆでたほうとうを入れるという。

「すぐに食べてもおいしいけど、翌日に食べると煮こごりみたいになってこれがうまいんだ、ようかんみたいで」と田中さん。そういえば山梨の人には煮込みほうとうも翌日のもののほうが好きという人も多いらしい。二日目のカレーのようなものだろうか。

ところで、なぜほうとう祭りで小豆ほうとうを食べるのだろう。昔、若神子周辺では米はお金と同じように扱われていた。米はまず年貢として地主に納められ、残った米は物々交換でお金の代わりに用いられたという。当然、米は庶民の口には入らない。そこで米の代わりに主食になったのが、小麦から作ったほうとうなどの麺類だった。そんなわけで、いまでも山梨県は全国有数の麺食い県だとか。

一方、砂糖は当時ごちそう中のごちそうであり、盆暮れ正月しか食べることができない貴重品だった。砂糖をたっぷり使った甘い小豆ほうとうはこの日しか味わえないぜいたく品だったのだ。

ほうとう祭りは稲の害虫よけを祈願しておこなわれる虫送りがベースにあるため、田植えが終わったころにおこなわれる。農業が日本の主産業だったころは虫送り行事も各地でおこなわれていた。農業に従事する人が減ったいまは虫送りをする地域も少なくなったが、祭りや観光行事として残っているところもある。

小豆ほうとうを食べて五穀豊穣を願うのは、害虫よけの目的と結び付いてのことだろう。さらに、砂糖がたっぷり入ったごちそうを食べて田植えで疲れた体を癒す目的や、祭りのあとに神人共食する直会《なおらい》の意味合いもあった。

闇に燃え上がるワラ人形の炎

さて、厄を移したワラ人形はどうするのか。昔は村境まで運び、川に流していたらしい。しかし近年では環境問題もあり、川に「廃棄物」を流すことも難しくなった。ほうとう祭りのワラ人形はれっきとした縁起物なのだが、リサイクルの観点で見れば廃棄物扱いになってしまうというから、なかなか世の中は世知辛い。そんな時代の流れもあり、境内のドンドン火にワラ人形を投げ入れ、燃え盛る火でお焚き上げするスタイルに変わった。

日もすっかり暮れたころ、祭りはいよいよクライマックスを迎えた。神社総代の田中さんが四時間かけて作った力作のワラ人形が、人々の悪い部分を吸い取った神紙とともに、勢いよく燃え盛る

ドンドン火に投げ入れられる。ワラ人形が燃える炎は、火柱となって夜空にゴーッと立ち上った。

ドンドン火を近くで眺めていると、自分の体まで熱気で熱くなってくる。それにしても、病気を「虫」というとはうまい例えだ。赤ちゃんの疳の虫をやっつける「虫封じ」なんてものもあるが、稲の害虫だけでなく、体のなかの厄も病気も「虫」の仕業なのだろうか。もし体のなかに見えない虫がいたならば、この火で焼かれて逃げていってしまいそうだ。妙にさっぱりした感覚で私は祭り会場をあとにした。私の虫もドンドン火で焼かれたにちがいない。

異界、境界とは何か

駅に戻る道すがら、ワラ人形が運ばれ捨てられた村境とはなんだろうと考えをめぐらせた。虫送りでは、稲の害虫や病気といった災厄を何かに移し、行列を作って村境まで持っていき村の外に捨てるというのが基本形だ。このとき、厄を移す対象もいろいろある。遠野の雨風祭ではワラ人形、青森の五所川原では「虫」と呼ばれる龍蛇状のワラ人形を運ぶ。秩父立沢の虫送りでは梵天を使う。それらを村境に持っていき、村の外に捨てるのだが、ここで気になってくるのが、虫を追い出す「向こう側」とは何か、そしてこちら側との間にある「境界」とは何かということだ。

私が学生時代に読んだ日本古典文学のなかで最も印象深いのが、『今昔物語集』巻第二十七「本朝付霊鬼」の章だった。この章はいわゆる「鬼」をテーマにしていて、「鬼の仕業」と思われる怪異譚がつづられている。この章を読んでいると、昔の人が何を恐れたのかがおぼろげながら見えてくる。

辺鄙なところにある橋、山のなか、夜の闇、天井裏。こういう場所で起こる怪異はすべて鬼の仕業とされる。電気の光も科学の発達もなかった時代の人にとって、よくわからないものはすべて恐

怖の対象だったのだ。

例えば第十八話の「天井から板が飛んできて宿直の兵をはさみ殺してしまった、鬼の仕業なるべし」という内容などは顕著だ。こちらからは見えない、何がいるかわからない天井裏は、もはや鬼の領域として片付けるほか仕方ない異界だったにちがいない。

境界も同じようなものだろう。ムラという連続したコミュニティーの外は、社会的つながりの外であり、精神的に安心できる空間の外でもある。何があるかわからない不安と畏れの対象だ。現代のように地図として世界が視覚化されていたわけでもない時代、ムラの外もまた異界だった。

ムラのなかが安心、外が異界で恐怖の対象だったとすれば、虫送りのメカニズムも理解できるように思う。稲に付く悪い虫も、体のなかの病気も災厄も、異界に追放してしまえばいい。そうすることで自分たちのそばからは災厄がなくなり、悪いことはなくなる。虫送りをすることで安心できる場所を確保できるのだ。

厄を異界に追放したうえで、貴重品の小豆ほうとうを食べて疲労回復をはかり、五穀豊穣を願う。ほうとう祭りにはさまざまな願望が内包されている。「悪いことが起こらないように、おいしいものを食べて、豊作を願う」。そんな願いが込められた人間らしさあふれる村祭りなのだ。そう考えると、人が願うことは昔も今もあまり変わらない。「こういう昔ながらの村祭りも今はなくなってきているからね」と田中さんは語っていたが、それを体感できる貴重な祭りだ。

ほうとう祭り
開催場所／山梨県北杜市須玉町若神子　三輪神社
開催時期／毎年７月最終土曜日
問い合わせ先／0551-47-4747（北杜市観光協会）

第4章

若者たちが切り分けた塩鯛を安産のお守りに

早魚神事

〔福岡県福岡市〕

海はいい。大きくておおらかで。真っ青な海を眺め、寄せる波の音に耳を傾ければ、小さな迷いごとはどこかに飛んでいってしまう。同時に少し怖くなる。穏やかに波を寄せる海は、晴天時には美しい姿で心を和ませてくれるけれど、荒天になれば鈍色に変わって何もかもを飲み込んでしまううねりになるからだ。

幼いころ、私も海辺に住んでいた。小学校から帰ると一目散に海に走った。引き潮の間はフナムシがいっぱいのテトラポットの上に座り、海を眺めて考えごとをした。潮が満ち始めたら、すぐに陸に戻らないと海中に取り残されてしまうから、急いで浜に戻る。泳ぐときは海底の強い流れに足をとられると溺れてしまうので、慎重に場所を見定めた。子どもながらに潮の満ち引きや危険を敏感に感じ取りながら、海で過ごしていた。

大人になってからも、海のすぐそばで暮らしたことがある。海の色は空模様で変わる。晴れた日の海は真っ青になるし、曇りなら灰色になると知った。雨の日、夜の海はまったく違う表情になる。漆黒の闇と、ゴォゴォと鳴る海は怖かった。日本列島をぐるっと取り囲む、温かくて恐ろしい海。

その海は、昔の人々にとってはどんなものだったのか。それをのぞかせてくれるような神事に出合った。福岡県北部の小さな漁村・奈多に伝わる早魚《はやま》神事だ。

早魚神事は若者たちが大鯛を料理する速さを競うもの。奈多に住む二十四歳と二十五歳の若者のなかからくじで選ばれた三人組が二組、塩漬けした大鯛を素早くさばき、切り取ったヒレをより早く神前に供えたほうにその年の漁場権が与えられる。神事で切り分けた鯛の切り身は安産のお守りにされるという。

かつてこの神事は村を二分し、網元対網元で漁場権を争う競争神事だった。神事の結果は村人の生活を左右する一大事なので、ときには血を見るような激しい争いになることもあったらしい。そんな話を聞いた私は内心びくびくしていた。漁師といえば、筋骨隆々のたくましい海の男であるわけだし、当然腕っぷしも強いはず。祭りといえど途中でいきなりけんかが始まったらどうしよう。

しかも当日は夜半まで夜神楽が奉納され、早魚神事が始まるのは深夜○時を過ぎたころだという。一人で行って大丈夫だろうか。漁村のお祭りは深夜どんな狂騒に包まれるのだろうか……。想像をめぐらせながら、私は東京を出発し、福岡を目指した。

博多から香椎を経由し、ぐるっと海の中道方面へ向かう。東京と寸分変わらない都会・博多の喧騒はどこへやら、香椎から先はのんびりとしたローカル線に揺られて、ほどなく奈多駅に着いた。日がとっぷり暮れたころ、私はおっかなびっくり会場の奈多公民館に足を踏み入れた。

館内には舞台がしつらえられ、地元の人がぼちぼちと集まってきている。あいさつすると、「どうぞどうぞ、座って見てて」と拍子抜けするほどに温かく迎えられた。よかった。席に着き、夜神楽が始まる二十時を待つ。

神功皇后伝説が残る、白砂青松の奈多浜

奈多は福岡市東区にあり、現在も人口が増え続けるベッドタウンだ。海の中道へと続く半島の付け根に位置し、南北を海に挟まれた穏やかな海辺の街。かつては街中に小さな路地と水路がはりめぐらされ、魚をのせたリヤカーが行き交うような活気ある漁師街だった。

玄海灘に面した吹上浜には白い砂浜と松林、青い海が広がる。青と白のコントラストが美しいこの浜は、『日本書紀』に登場する神功皇后にまつわる神話伝承の地でもある。

神功皇后は仲哀天皇の妃で、応神天皇の母だったとされる人物だ。その神功皇后が新羅に攻め入った際に軍議所を設けたのがここ奈多だった。皇后が戦から戻る道すがら、嵐にあって船が動かなくなった。必死の祈りを捧げて漂着した吹上浜に、命が助かったことに感謝して創建したのがいまも吹上浜の松林に鎮座する志式神社だと伝わる。

その志式神社で十一月十九日と二十日におこなわれる祭り、奈多くんちのなかで奉納されるのが早魚神事だ。奈多の人々の祖先が神功皇后に献上する料理を作ったという故事にちなみ、魚をさばく速さを競う。

西方青年団

勇壮な海の祭り、奈多くんち

奈多くんちは千年以上の歴史があり、いまでも古式にのっとって形どおりに伝承されている。木臼十二台、桟敷の床板十二枚、その上を船の帆二枚で覆い、野舞台を作っておこなわれるという決まりがあったが、いまでは木臼も手に入らなくなったため、決められた寸法に合わせて公民館に舞台を組み立てておこなわれている。垂れ幕には鮮やかな鯛が描かれて、祭りの主役が鯛であることをアピールしている。鯛はこれからどんなふうに料理されるのだろうか。

やがて舞台に神職が現れ、祭りが始まった。神職が舞台の四隅を祓い、ウォーッと低く地を這うような祝詞が響く。次に桶に入った海水を柴で舞台にまき始めた。舞台を清めるのは海の力なのだ。そのことに気づき、早くも私は感動してしまう。

奈多公民館長の木村洋さんがやってきて、「海には海の禊の形があって、山には山の禊の形がある」と教えてくれた。

舞台では夜神楽が始まった。安産の神様として有名な糟屋郡・宇美八幡の宇美神楽から全九番が奉納される。地元の小学生が浦安の舞を奉納する姿もかわいらしい。最初は静かだった会場も、蛭子舞《えびすまい》で、ユーモラスなえびす様が現れるとドッと沸いた。釣り糸に五円玉を付けたえびす様が満面の笑みで大きな鯛を釣り上げる。「これから五円をいっぱいまくので、お持ち帰りください」とアナウンスがあると、子どもたちがビニール袋を手に歓声を上げて舞台の前でスタンバイし、えびす様が投げる五円やお菓子に群がった。磯良舞では紙袋に入れた米が配られた。

榊舞、和幣舞、浦安の舞、蛭子舞、扇舞、蟇目舞、大蛇退治、粂舞、磯良舞と神楽が進み、時間はすでに深夜○時過ぎ。気がつけばもう四時間も神楽を見ている。だんだんと眠くなり頭がボーッとしてきた。確か、神楽は人為的にトランス状態を作り出すためのものだと聞いたことがある。かすむ頭でそれもありえるだろうなと感じ始めたころ、壇上にさっそうと若者たちが現れた。

日本男児にほれぼれ
——若者たちの「かっこよすぎる料理姿」

藍色の衿付き袷の着物に、襦袢一枚、角帯一本、白足袋一足。きりっと男前な若者たちがまな板を抱えてすっくと立つ。神楽に盛り上がっていた会場は、一気に厳粛な雰囲気に包まれ、シーンと静まり返った。ついに早魚神事の始まりだ。

それぞれ料理人・ひれさし・すり鉢の三役を担う若者たちの表情は真剣そのもの。まっすぐに前を見据えて立っている。左右二組の代表である料理人役の若者が、大きなまな板の上に包丁と鯛をのせたものを高く掲げ、そのままゆっくりと旋回

東区奈多
西方青年団

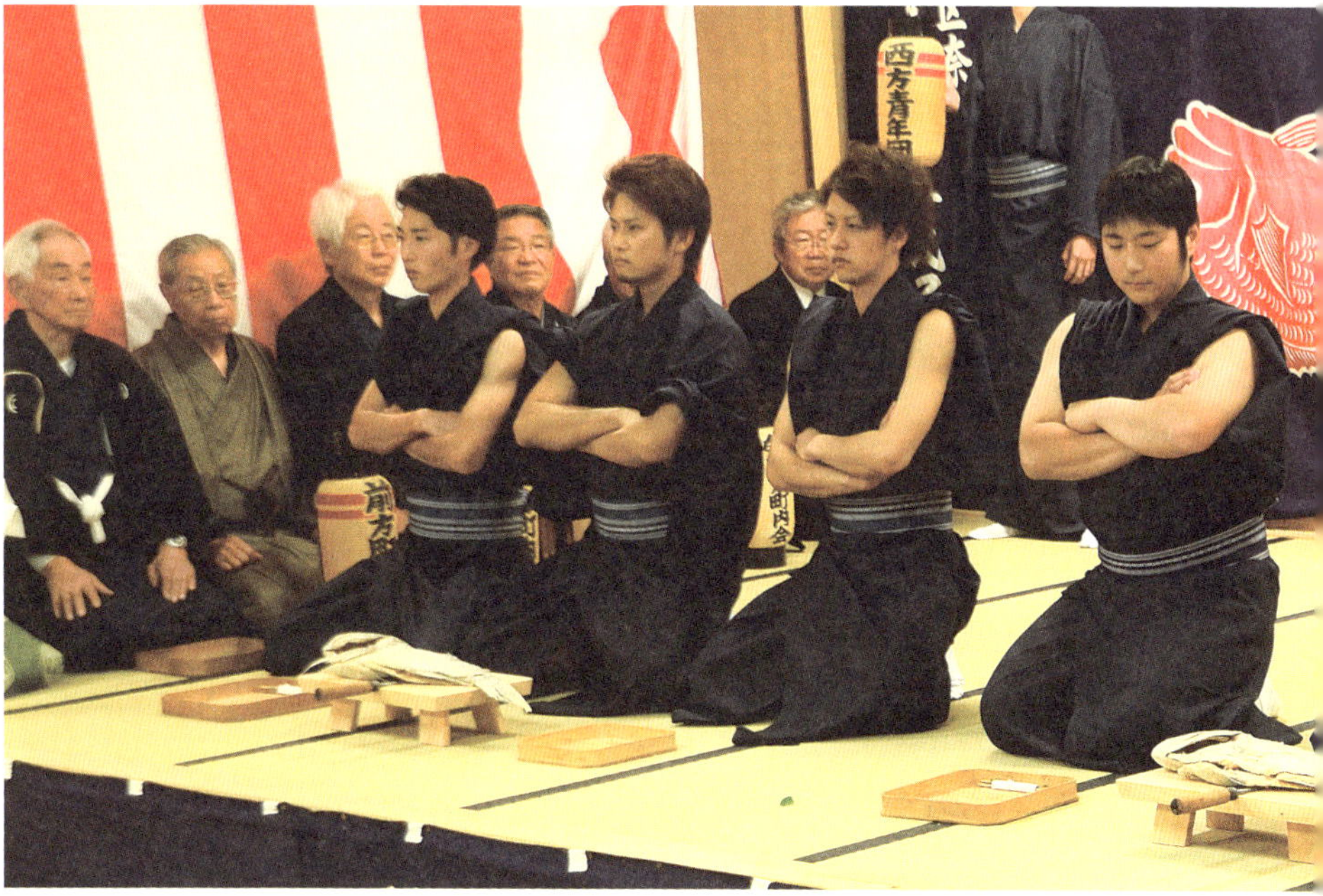

する。「私たちはこんなに立派な大鯛を神に捧げます」という意味を込めた「姿みせ」の所作で、観衆にアピールする彼らの着物からスッと伸びた腕がなんともいえずたくましい。そして会場に「見事なお魚、ご料理召され」とかけ声が響いた。

　太鼓がドンと鳴ると、若者たちが素早い動きで大鯛の料理にかかり始める。それからの一連の神事はまるでサイレント映画を見ているかのようだった。料理をする手つき、あっという間にさばかれる鯛と、会場にブワッと立ち上る磯の匂い。ときおり、会場の古老から力強い声が飛ぶ。「形作れ！」「ぬかるなよ！」「落ち着け！」。若者たちの額からしたたる汗までも感じ取れるようで、包丁さばきや白足袋にまで日本男児を感じてドキドキしてしまう。真剣な料理姿がこんなにもかっこいいなんて。

　みるみるうちに大鯛はヒレを切り取られ、早魚神事が終わった。料理したばかりの大鯛を抱え、一列に並ぶ若者たちの自信に満ちあふれた表情といったら。料理姿に、神事を終えたその表情に、はからずもときめいてしまい、もう私は動揺と興奮でわけがわからない。あっぱれ、そしてほれぼれだ。なんてかっこいいんだろう！

　舞台では切り取られたヒレが十二本の竹に付けられ、神職による神楽・鰭舞《ひれまい》が始まった。

安産のお守りになる
——塩鯛の切り身

　神事を終えた若者たちの表情に自信があふれていたことからもわかるように、この神事は漁師の世界で一人前になるための通過儀礼でもあった。さらに彼らが料理した鯛の切り身は、安産のお守りとして氏子に配られる。宇美神楽の宇美は「産み」の「うみ」。安産の神様だということも、鯛の切り身が安産のお守りとされることに関わっているようだ。出産のときにこの鯛の切り身を食べると赤ちゃんがするんと生まれると信じられてい

て、昔はみんながほしがって取り合いになった。そのため、少ししか手に入らなかったという。奈多の妊婦は、産気づくとこの切り身を少しずつ口に含み、命がけの出産を乗り切った。切り身を受け取って大事そうに抱えるおばあちゃんもいたが、若かりしころには安産のお守りとしてこれを食べたのかもしれない。

ところで、どうして神事に使われる魚は鯛なのだろう。そう尋ねると、「五十年から六十年前まで奈多では春先に地引き網で鯛漁をしていた。その鯛を塩漬けにしておいて十一月の神事で使ったんじゃないだろうか。鯛はめでたい魚で、祝いごとにもつきものやったから」と、館長の木村さんが教えてくれた。

そして鯛はまた海へ返る
――えびす祭りとヒレ流し

深夜一時半ごろ、長い長い夜が終わった。宿に戻って少し眠った私は、翌朝再び奈多に向かった。二十日の今日、今度は志式神社で昨夜若者たちに切り取られたヒレを玄海の荒波に奉納する神事があると聞いたのだ。

志式神社に着くと、本殿の横にある蛭子神社の前に神職・座元・町内会の人々が二十人ほど集まっていた。松林の向こうには透き通った色の海が広がり、雑木林ではときどき鳥がさえずるのが聞こえる。ぽかぽかと陽が当たる穏やかな朝、えびす祭りが始まった。

蛭子神社の前には立派な鯛をはじめとした神饌が供えられ、神官が昨夜のヒレを持って神楽を奉納する。みんなが静かに祈りを捧げて、自然に溶け合いながら祭りがおこなわれていた。少し離れたところからそれを眺めていると、その光景のあまりの美しさがじんわりと心に染みてきた。

実は昨夜、宿に向かうタクシーのなかで運転手さんに「いま奈多で早魚神事を見てきたんですよ」と興奮ぎみに話してみたが、運転手さんは「へぇ、そんなのあるんですか」とつれない反応だったのだ。観光客も知らない、地元でさえ知らない人もいるような神事が、こんな美しい海のそばで土地の人によってしっかりと守られ、しめやかにとりおこなわれている。なんてすばらしいことなんだろう。都会では感じることも少なくなった日本らしさは、こういうところにひっそりと、でもちゃんと残っていたんだ。そう考えるとだんだんと涙まで出てきた。

えびす祭りが終わると、一行は列をなして吹上浜に向かった。海に祈りを捧げ、神官がヒレを玄海の荒波に投げる。神事に奉納された鯛が、再び大いなる海に帰っていく。その営みさえも、抜けるような青い空と透明な海に吸い込まれてしまいそうだ。

「自分たちが若いころはこの海ももっときれいやったけどねぇ。ここで毎日泳いどったんよ、勉強なんかせんでね。そう、この浜にはね、小林旭も来たんよ、ロケでね」と氏子の一人のおじいさん

がつぶやく。でも私の目から見たら、いまでも何もかもが洗い流されそうにきれいな海だ。

博多に伝わる海のお清め・お汐井

奈多くんちには、海水で舞台を清める所作があったが、福岡にはお汐井という興味深い風習がある。お汐井とは、海の砂を花テボなどにとって、家の玄関横などに置いておき、外出する際に身にふりかけてお清めをするというもの。お清めの塩と同じように使われていて、盛り塩の起源なのではないかと考えられる。奈多のお年寄りはいまでも毎朝志式神社にお参りし、その足で浜に下りて、花テボで砂をすくい、持ち帰ってお汐井にするという。

博多を代表するお祭りである祇園山笠では、神輿の一種である山笠のお清めにお汐井が使われ、祭りのなかに筥崎の浜にお汐井をとりにいく場面もある。海は神聖なものであり、不浄を清める力をもつと考えてのことだろう。かつて早魚の奉仕者に選ばれた若者には、女性は母親でさえ触れることはできなかったという。同じ福岡県にある沖ノ島の宗像大社沖津宮はいまでも女人禁制であり、島に入る男性は浜で禊をしなければならない。

早魚神事では網元のどちらが漁場権を得るのか、人間が決めることができない大切な決定を早魚に託した。これは、ひいては決定を海に託したということだろう。大切なことは海に決めてもらう。無事の出産も海に守ってもらう。人々の生活のそばには常に海があった。

海がどれだけ神聖なものだったのか。海とはどういう存在だったのか。漁師街に伝わる伝統の神事がそれを教えてくれた。

早魚神事
開催場所／福岡県福岡市東区奈多　志式神社
開催時期／毎年 11 月 19 日・20 日
問い合わせ先／ 092-607-4697（福岡市奈多公民館）

第5章

豆腐を食べて一年分の嘘を帳消しに
八日吹きのうそつき豆腐
［鳥取県鳥取市］

倹約のために豆腐を食べるべし
——鳥取と豆腐、因縁の歴史

日本のあちこちを旅していると、同じ日本といえどもその地方独特の県民性は確実にあると感じさせられる。もちろん個人差はあるだろうし、全員には当てはまらないだろう。けれど土地独特の気質というものはある。例えば名古屋人は派手なことが好きだし、北海道人は概してのんびり屋でおおらかだ。東北岩手の遠野の人は人懐っこくてよそ者にやさしいけれど、反対に私の故郷である九州鹿児島の人間は排他的なところがある。どうしてこんなに違うのか。県民性はどうやって作られるのだろう。そう考えてみると、その背景には土地の地理的条件が大きく関わっていることに気づく。

広大な大地がどこまでも続く北海道では、小さなことは気にならないのだろう。宿場街の遠野では内陸や沿岸から人の往来が絶えなかったから、よそ者を温かく迎え入れる風土ができたにちがいない。周囲をぐるっと海で囲まれた鹿児島では、海から襲来する敵を警戒する必要があったのではないだろうか。

では山陰地方の鳥取はどうだろう。いまでは米子市や鳥取市は栄えているが、もともとは山がちで山村が多かった鳥取では、人々は控えめでまじめだし、倹約が好きな傾向があるとも聞く。

まじめで倹約家。そんな鳥取人の気質に合い、鳥取の食文化に根づいた食べ物が豆腐だ。江戸時代の因幡地方（鳥取市がある鳥取県東部）では漁港の開発が遅れ、魚があまり手に入らなかった。そこで貴重なたんぱく源になったのが大豆だった。この地方は畑作ではなく稲作が中心だったが、田のあぜを利用して大豆が栽培され、各村には豆腐小屋があってそこで豆腐を作っていたという。

さらに豆腐が鳥取の食文化に欠かせない存在になるきっかけがあった。それは一六四八年に鳥取に転封になった藩主・池田光仲が、「倹約のために魚ではなく豆腐を食べるべし」と命じたことだった。お上の命令とあればさらにせっせと豆腐を食べなければならない。こうして因幡地方には、豆腐を使った数々の郷土食が生まれた。

B−1グランプリで知名度がアップしたとうふちくわは、すった豆腐と魚のすり身を合わせて塩を加え、ちくわのように棒に付けて蒸したもの。見た目は真っ白なちくわで、頬張ればほんのりと豆乳のような香りがする。上品な味わいが好まれて、ハレの席にも登場するようになった。豆腐を使った炊き込みご飯のどんどろけ飯というものもある。どんどろけとは方言で雷のことで、豆腐をする音がゴロゴロと雷が鳴るように聞こえるからどんどろけ飯。名前を聞くだけで料理風景が目に浮かんでくるような、すてきなネーミングだ。こも豆腐は、ワラつと納豆のワラつとのような「こも」に包んだ豆腐を蒸すかゆでるかした料理で、真ん中にニンジンやゴボウが入っていて、お祝いの席に喜ばれた。こんなに豆腐料理が多いのも「節約のために魚ではなく豆腐を食べろ」と殿様に言われたのが発端なのだとしたら奇妙な歴史なのだが、この因縁が鳥取に多彩な豆腐食を花開かせたのだから食文化はつくづく面白い。

さらに鳥取には豆腐を使った面白い風習がある。十二月八日に豆腐を食べると一年分の嘘が帳消しになるといううそつき豆腐の風習だ。一年分の嘘が消えるなんてドラえもんの道具並みにミラクルな機能だし、一年の終わりに心にひっかかっていた嘘が消えてしまうならさぞやすっきりするにちがいない。でもなぜ豆腐なのだろうか。どんなふうに食べるのかも気になる。嘘を消してくれる豆腐をひと目見てみたい、食べてみたい。そう思った私は、師走のある日、うそつき豆腐を食べる八日吹きがおこなわれる鳥取市の河原歴史民俗資料館に向かった。

誓文払いがルーツだった
――嘘が帳消しになる由来

鳥取駅前からバスに乗り河原町を目指すと、じきに窓の外には千代川の開けた河川敷が広がった。都会のちんまりした川とはスケールが違うと驚いてぽかんと眺めていると、今度は山の上にちょこんと小さいお城が現れた。街おこしのために一九九四年に建てられたというこの城は河原城といい、のどかな風景のアクセントになっている。

河原町総合庁舎前でバスを降りて河原町コミュニティセンターを訪ねると、係の方が建物の奥にある歴史民俗資料館に案内してくれた。中庭にたたずむ資料館はかやぶきの古民家で、軒先には干し柿が吊るされている。江戸時代のものを移築したというそのたたずまいはいかにも古きよき日本の農家といった風情で、こういう家で暮らしたことはないはずなのに、懐かしい気持ちになる。

古民家のなかでは十数人のおじいちゃん・おばあちゃんが行事の準備をしていた。河原町で昔の行事を継承する活動をしている民俗行事を語る会(以下、語る会と略記)のみなさんだ。「こんにちは、東京から来ました」とあいさつすると「えー、東京から?」と驚かれ、「東京さーん、こっちきんさい」と温かく迎えていただいた。でも、「東京から来たから、東京さん」なんてふうに、すっと受け入れてもらえるのはやっぱりうれしい。

　今年（二〇一五年）は十二月十一日の今日に、本来は八日におこなう八日吹きと十三日におこなうすす払いをまとめておこなうそうだ。どちらも以前は各家でやっていた民俗行事だが、いまは保存の意味もあり資料館での行事としているという。古民家のなかには土間と畳の間があり、畳の間には囲炉裏が、そして土間には牛を飼うスペースがあった。岩手では人と馬が一緒に暮らす曲がり屋が有名で、土間に厩があるけれど、鳥取では水田を耕すための牛が使役動物なので、家と牛舎が一緒になっているのだろう。台所には大きな釜がいくつも並び、もうもうと湯気を立てている。その傍らでは、ほっかむりにエプロン姿のおじいちゃん・おばあちゃんがくるくると豆腐団子を丸め、串に刺している。「これ、なんですか?」と尋ね

ると、「すすはき団子。すす払いのときに団子汁に入れて食べるんよ」と教えてもらった。豆腐の串打ちをしていたおじいさんが手元の串を見せてくれる。「これ、灰のなかに豆腐が落ちんようにに改良したの」と言うとおり、串の途中に段差が作ってある。この串に刺した豆腐をいまから囲炉裏で焼いて、うそつき豆腐として食べるのだ。

土間の入り口付近ではワラを束ねて何かを作っている。こしらえているのは、すす払い用のすすはき箒とねじ箒。すすはき箒は竹竿の先に大豆がら、青笹、福木を束ねて作り、屋根裏や家中のすす払いをするのに使う。福木を使うのには、家中の悪霊を追い払い福を授かるというまじないの意味もあるらしい。ねじ箒は新しいワラをひとつまみねじって作るもので、神棚の掃除に使う。旧暦の十二月十三日は正月事始めで、正月を迎える準備を始める日とされるので、すす払いとして家中を掃除する習わしらしい。昔はどの家にも囲炉裏があり家のなかでまきを焚いたものだし、稲こぎ

や籾すりなどの農作業も土間でおこなったため、天井がすすやほこりで汚れた。そのためこの日は一日がかりで神棚から天井、屋根裏、かまどを掃除し、障子も張り替えたという。しかしそこはさすがに現代、ブィーンと掃除機も使いながら手早く大掃除をすませるのは時代の流れだろう。そうして掃除が終わると、神棚に二対の松が立てられ、すすはき団子を入れた団子汁が供えられた。

あぶった豆腐にゆず味噌をつけて
——うそつき豆腐の焼き豆腐

「さ、これが今日のメインイベント」と、語る会のみなさんが笑顔で囲炉裏を囲んだ。すす払いの様子を眺めていた私も囲炉裏端に招かれた。囲炉裏には豆炭が赤くチラチラと燃え、そこで先ほどの豆腐をあぶっている。それを見ながら「どうして豆腐なんだろう?」とつぶやいた私にうそつき豆腐の由来を教えてくれたのが、語る会会長の谷幸彦さんだ。

「旧暦の十二月八日ごろは、このへんじゃ冬が厳しくなって海が荒れたんよ」と谷さんは話し始めた。日本海からの偏西風が冷たく吹きつけ、こたつを出すのもこのころだった。「事納めの日」ともされ、農作物の収穫を見届けた田の神様がこの日に山に登って山の神になると信じられていた。神様は風や雲に乗って行き来すると考えられていたので、偏西風が神様を山方面に運ぶと想像されたのだろう。これから始まる厳しい冬への気構えをする意味合いも込めて八日吹きがおこなわれたのではないだろうか、と谷さんは言う。

うそつき豆腐を食べる風習は、誓文払いと関わりがあるようだ。誓文払いとは京都の呉服屋から始まった風習で、商売のために嘘をついた商人が四条京極の官者殿《かじゃでん》に参拝し、一年分の嘘を帳消しにしてもらうというもの。このときに罪滅ぼしのために安売りをすることが、歳末大売り出しの起源にもなった。京都や大阪、博多など、誓文払い

行事が祭りとして残っているところも多い。

それにしても、京都で始まった誓文払いが、なぜ鳥取では「嘘を消すために豆腐を食べる」に変化したのか。それも不思議だが、「嘘と豆腐の関係ははっきりとはわからないが、呉服問屋のまかないで豆腐田楽を食べることが多かったことと関係があるのかもしれない」というのが谷さん説だ。豆腐屋が商売の知恵として、うそつき豆腐を広めたという説もあるという。なるほど、ひょっとするとバレンタインデーのチョコレートと同じような戦略だった可能性もあるというわけか。

ちなみに因幡地方ではうそつき豆腐だが、鳥取砂丘に近い摩仁寺では十二月八日にお参りすると一年分の功徳があるとされ、参拝者はこんにゃく田楽を食べる。伯耆地方ではうそつき祝いとして豆腐ではなくソバを食べるという。

谷さんの話に聞き入っていると、よく焼き色がついた豆腐を皿に取り分けたものを手渡された。焼き豆腐に二種類のゆず味噌をたっぷりのせて豆腐田楽にして頬張れば、大豆の味がギュッと凝縮された焼き豆腐に甘酸っぱいゆず味噌がマッチして、素朴ながらもとてもおいしい。

それにしても、人間誰しも大なり小なり嘘をつくものだし、それが帳消しになるならありがたいじゃないか。なかったことにしたかった嘘ぐらいおそらく誰にでもあるはず。もちろん私にも。言えなかったことも嘘のうち、帳消しにできればよかったのに……と考えると胸が痛くなってきた。ひとりで煩悶していると、「東京さんも、こっちきんさい」と手招きされた。よかった、現実に戻れた。すす払いを終えたみなさんで会食を始めるというので私もお相伴にあずかる。卓上にはゆず味噌をのせたうそつき豆腐の湯豆腐と、すすはき団子の団子汁、それにご飯。根菜やこんにゃくが入った味噌味の団子汁からはふわりと湯気が立ち上り、甘酸っぱいほうのゆず味噌はマーマレードのようで、甘辛いほうはご飯にのせてもいける。ドンドン食べて、と言われ、勧められるままにお

替わりまでいただいた。「いやぁ、これで今年も安心だ」「忘年会じゃ」とみんな楽しそうだ。

民俗行事とは、感謝してごちそうを食べて教訓を与えるもの

食べながら私は、先ほどの囲炉裏端での会話を思い出していた。豆炭が小さく瞬くのを目を細めて見つめながら、谷さんは言った。「私らが信じてる神様はね、一神教の神様とは違う。私らは農民だから、田の神様、山の神様、家の神様、いろんな神様に感謝してお祈りする。民俗行事っていうのは、感謝してごちそうを食べて教訓を与えるもの。そういうものだと思うよ」

今日の行事なら、「嘘はほどほどに、家はきれいに掃除して、本格的な冬がくる前に心構えを」が教訓だろうか。因幡地方には面白い食の風習がほかにもあり、夏に千代川で子どもたちが泳ぐ前には、かまやきと呼ばれるソラ豆の餡を包んでミョウガの葉をのせて焼いたおやきのような餅を食べてから入るようにしていたという。それも、川で泳ぐ子どもたちがおなかを冷やさないように、流れに足をとられて溺れたりしないように、気を引き締めるきっかけを作る役割をもっていたのだろう。

民俗行事は、自然や神様に感謝をしてごちそうを食べて教訓を与えるためのもの。探していた答えの一つを教えられた気がした。

帰り支度をしていると、語る会の方がこんなふうに問いかけてきた。「こういうのはどこでもやっとるんと違うの?」。私は首をかしげた。ここにはいまだにしっかりと残っている。だから河原の人たちにとっては、こういう行事がどこにでもあるありふれたものに感じられるのだろう。でも、私にとっては違う。だから、「いえ、私の田舎《いなか》ではもう見ることができなくなりました」と答えた。

祖父や祖母が健在だったころは、わが家でも正

月準備で餅つきをしていた。大みそかが近づくと庭に臼と杵を用意し、祖父が杵をペッタンペッタンと振り下ろし、合間に祖母がくるんくるんと器用に餅をひっくり返して餅をついた。つきたての餅はまだほんのりと温かく、大根おろしと醤油を絡めて食べるおろし餅がとてもおいしかった。ついた餅を大きく丸めて大小二つの餅で鏡餅を作り、それから丸餅、伸し餅を作り、最後に野で摘んできたよもぎの葉を使って餡入りのよもぎ餅を作る。それがわが家の習わしだった。年が明けて小正月がやってくると、木の枝に花を咲かせるように色とりどりのメノモチを飾る。端午の節句にはあくまきを蒸す。集まりのたびにサツマイモを使ったがねを揚げる。そんな風習も祖父母が他界してからはやることもなくなった。あくまきやがねはいまでも母が一人で作っているが、何世代も集まって大々的に作る機会はもうない。ときおり懐かしく思い出すふるさとの風景を、残念だけれどいまでは見たくても見ることができない。むしろ、あの感覚をもう一度味わいたくて、私はここまでやってきたのだろう。

高校を卒業し故郷から上京するときには「東京にはなんでもある」と思っていた。刺激的なものも最新のものも、本も音楽も映画も、田舎にはないものがたくさんある。それだけが文化だと勘違いして、私はふるさとを切り捨ててしまった。そのことをいまごろになって後悔している。鮮やかなメノモチを飾る家も、いまではほとんどなくなった。祖母も亡くなり、祖母が作るあくまきももう食べられなくなってしまった。いつまでもあると思っていたのに、なくなってしまってやっと気づく。ありふれた日常の風景や食がこんなにも懐かしく尊いものだったなんて――。

民俗行事や食の風習は農村や漁村の暮らしに根ざしていたものだけに、機械化や都市化が進んだいまでは存在する意義を失いつつあり、継承する人もいなくなりつつある。作り手のおじいちゃん・おばあちゃんも高齢化している。それは気づかないうちになくなるかもしれない、あと十年もすればあったことさえも忘れられてしまうような、そんな不確かなものだ。でも自分たちの生活のそばにずっとあって、日本人がどう生きてきたか教えてくれるもの。素朴な祈りに根ざした、とても美しいもの。それを探して、私はここまでやってきた。失われる前に、もう一度見つけたい。

来てよかった——そんな思いをかみしめながら帰り支度をし、語る会のみなさんに別れを告げる。

「東京さん、ありがとね」と手を振って送ってくれるおじいちゃん・おばあちゃんの笑顔がどうしようもなくまぶしかった。

帰り際に、鳥取砂丘の砂で燻製にした砂卵を買い、特急列車のなかでかじりながら帰った。鳥取砂丘の大地のパワーがギュッとつまった卵、嘘を帳消しにしてくれる豆腐。どちらの食べ物も鳥取という土地の素顔を語りかけてきてくれる。

うそつき豆腐

開催場所／鳥取県鳥取市河原町　河原町コミュニティセンター

開催時期／毎年12月8日

問い合わせ先／0858-76-3123　鳥取市教育委員会河原町分室（河原町コミュニティセンター内）

第6章

一年のはじめに豊作を祈る
民話のふるさと遠野の小正月
［岩手県遠野市］

新花巻で東北新幹線を降りて釜石線に乗り換えると、窓の外に真っ白な雪景色が広がった。草木を覆う一面の白と、その合間をゆったりと流れる川。そんな風景を眺めていると、都会に置いてきた慌ただしさはいつの間にか遠くなっていく。

新花巻駅から約一時間、目的地の遠野駅に降り立つと、風に舞う雪が冷たく頬が痛いくらいだ。南国育ちの私に東北の寒さは容赦ない。マフラーで顔を覆うようにして寒さをしのぎ、空を見上げると、灰色の雲が低く垂れ込めていた。一年でいちばん冷え込みが厳しい冬の、しかも今日は一月十五日の小正月。「小正月の夜には雪女が出る」——遠野にはそんな伝説があるけれど、この重たい空を眺めていると、いまにも雪女が現れそうな気がしてならない。

明治時代の民俗学者・柳田国男が記した『遠野物語』（一九一〇年）。この本について語らずに遠野を語ることはおそらくできないだろう。『遠野物語』は遠野に暮らした佐々木喜善が聞き集めた伝承や民話を、柳田が書き記したもの。舞台になった遠野は不思議なところだ。民話のふるさと、伝承の里。そのひと言だけでは言い表せないような奥深い魅力をもっている街。どこにでもあるようで、でもここにしかない小宇宙が広がる不思議の里だ。

『遠野物語』を読んだことがない人は、民話と聞くとノスタルジックでほのぼのとした昔話集を想像するかもしれない。しかし『遠野物語』に描かれているのは決してそういう類いの話ではない。河童や座敷童子、隠れ里のマヨヒガ、山の神、雪女など、幻想的な物語の背後には、姥捨てや殺人事件、口減らしや夜這いの歴史など、目を背けたくてもそうすることができない人間の姿が見え隠れする。生きることに必死だった時代に、泥臭く生きた人々の姿。そこに描かれていることは、決してきれいごとだけじゃない。むしろ、人が人として生きていくなかで起こる、血がにじむようなリアルだ。

話が少し脱線するが、私は古い日本映画が好きで、特に寺山修司の映画が好きだった。好きといってもその気持ちは複雑で、好きなくせに見るといつも暗澹たる気持ちになる。寺山が描く世界は、彼が生まれ育った青森県下北半島のムラ社会の現実と幻想が入り交じったような独特の物語で、それを見ると私はいつも故郷を思い出してしまうのだ。同じように田舎で育った私が避けたくても避けられず、結局逃げ出した狭い共同体独特の人間関係。『百年の孤独（さらば箱舟）』（配給：ATG、一九八二年）で規範に監視され続ける捨吉と、『田園に死す』（配給：ATG、一九七四年）で柱時計を抱えて逃げ出す少年。どちらを見ても、私は登場人物に自分を重ねてしまう。寺山映画に描かれる美しい山野と、ノスタルジックだけでは終わらないそこに生きる人間の本質は、『遠野物語』に描かれているものと同じだと思う。

私が遠野を訪れたのはこれで六回目だが、初めて訪れたときのことはいまでもよく覚えている。『遠野物語』の世界に引かれた私は、友人と二人で遠野を訪れた。まだ『遠野物語』を読んでいないという友人に行く前に本を読むことを勧めたが、友人は結局読まずに遠野へ向かうことになった。そうして定番の河童淵や山崎の金精様、五百羅漢を訪ね歩くうちに案の定友人がこう言った。「なんにもないけど、どこに河童がいるの?」

だから、読まないとわからないと言ったのに。遠野を旅するにはコツがいるのだ。目の前に広がる田園風景や山野に、頭の中で物語を重ねる。ああ、ここがデンデラ野、ここがサムトの婆のあたり。そんなふうに目の前の風景と物語を重ね、この土地の何が『遠野物語』を生み出したかを想像するのだ。遠野は空想と目に映るものをミックスしながら歩く場所だ。

遠野に残されているのは目に見えない物語だけではない。野を歩けば道端にはそこかしこに小さな祠があり、あちこちに伝承の忘れ形見が残っている。ほかの土地ではすっかりすたれてしまったような民俗行事が残っていたり、しし踊りや神楽など郷土芸能も数多く守られていたりする。それらを目の当たりにしたとき、『遠野物語』の時代の遠野がふっとよみがえったように感じる瞬間がある。そう、『遠野物語』はいまもこの土地に生きているのだ。

岩手県の内陸と沿岸部の中間にある遠野は、石上山、六角牛山、早池峰山の遠野三山に囲まれた盆地で、真冬はマイナス二〇度を下回ることもある。そのため、たびたび冷害や飢饉が起こり、人々は厳しい自然と向き合いながら暮らしてきた。そんな遠野では、小正月に豊作を祈るさまざまな行事があった。

今回の旅の目的は、遠野に伝わる小正月行事を見ること。複雑にして深く、ひと言では語り尽くせない遠野の魅力を、伝承行事とまじない食から紹介したい。

千体のオシラサマが祀られる不思議空間・伝承園

――昔、飼い馬に恋した娘がいた。娘の父親はそのことを知って激怒し、馬を殺してしまった。娘は嘆き悲しみ、馬のあとを追って命を絶ち、一緒に天に昇り、オシラサマと呼ばれる神様になった――。

『遠野物語』に収録されたこのオシラサマの話を通して、『遠野物語』の特異性を少し感じ取ってもらえるかもしれない。南部藩独特の曲がり家と呼ばれる住居では、一つ屋根の下、人と馬が同じ空間で暮らしていた。そこで起こった悲恋の物語が暗喩するものはなんなのか。想像すると恐ろしささえ感じてしまう。

遠野では昔から各家で人馬一対の木製のオシラサマを大切に祀ってきた。オシラサマは農業、蚕、馬の神様ともされ、年に一回オシラサマを遊ばせるオシラアソビという行事をおこなう。

土淵町にある観光施設・伝承園には、オシラサマを千体集めた御蚕神堂（オシラ堂）がある。ここを初めて訪れたときの衝撃はいまだに忘れられない。キシキシときしむ廊下を渡ってお堂に足を踏み入れると、壁一面におびただしい数のオシラサマ。願いをなんでもかなえてくれるとされるオシラサマの衣には無数の願いごとが書き込まれている。怖いような、威圧されるような……。願いの数と信仰の厚みに私はただ圧倒されたのだった。

曲がり家を彩る
――五穀豊穣のミズキ団子

遠野の小正月行事といえば、ミズキの枝に団子を飾るミズキ団子、雪を田んぼに見立てて松の枝を植えて田植えを模倣するお田植え、カラスに小豆団子を放って厄よけを祈るカラスよばり、オシラサマを遊ばせるオシラアソビ、子どもたちが夜に家々を訪ねて畑の豊作を祈る畑まきなどがある。まず伝承園でおこなわれる小正月行事を見にいこう。

朝早く伝承園に着き、古い曲がり家やつるべ井戸、水車小屋や金精様などが配置された園内を歩いていると、地元の老人クラブの方々や、小学校の子どもたちが三々五々、集まってきた。伝承園支配人の菊池美保さんのあいさつが始まる。「今日はみんなで小正月行事をします。ミズキ団子は今年一年の豊作を祈って作るんだよ。それで秋にどれくらい田んぼの稲が実るか決まるかもしれないから、一生懸命やってください。カラスよばりでは、カラスにうまくお餅を食べさせるとその年はいい年になるっていわれているので頑張ってね」

子どもたちは大きくうなずき、小正月行事にとりかかった。

まずは土間で餅つきを。大きな臼に蒸したもち米を入れ、杵でペッタンペッタンとつく合間におばあちゃんが慣れた手つきで合いの手を入れ、もち米をひっくり返す。祖父母が健在だったころは私もよく餅つきをしていたっけ――懐かしく眺めていると、「ちょっとやってみる？」と声をかけられた。杵を受け取ると、ずっしりと重い。よい

しょと杵を振り下ろすのを、数分も続けると息が上がってきた。日頃のデスクワークでなまった体が情けない。「明日は腕が痛くなっぺ」とからかわれながら、ほかほかの餅をつきあげた。

その餅でカラスよばり用の小豆団子とミズキ飾り用のミズキ団子を作る。小豆団子はあんこと餅を一緒につきこみ、丸めたもの。カラスの大好物とされ、空に放り投げて厄よけにする。ミズキ団子は上新粉とキラズ（おから）に餅を合わせて、食紅で赤、青、黄色に色づけて丸めて作る。

子どもたちがおばあちゃんに手ほどきを受けながら、ちっちゃな手で餅をこねこね、こねこね。できあがったら、曲がり家の神前に供えてから、俵に木を生やすようにミズキの枝を刺し、枝に団子を飾っていく。赤、青、黄色とカラフルな団子と、もなかで作られた鯛や大黒様、えびす様が飾り付けられると、曲がり家のなかは花が咲いたようにパッと華やかになった。飾った団子は毎年二十日に食べる習わしだが、伝承園のものは観光用にそのまま飾っておく。

ミズキの木の前には稲穂のような形をしたワラが下がっていた。ここには白い餅を五個ずつ付けていく。これは「あわもだし」といい、稲に米がたわわに実るのを模したもので、やはり豊作を祈

るための行事だ。

「少し休憩ねー」とお汁粉が配られた。さっきついた餅が入ったお汁粉だ。体を動かしたあとには塩気がきいた甘さが染みる。そういえばカラスよばりに使うのはなぜ小豆なのだろう。小豆に厄よけの力があるからだろうか。近くのおばあちゃんに尋ねてみると、「やっぱりカラスもおいしいほうがいいからだろうね」とニッコリ。そりゃそうだ。おいしいほうがいいよねぇ、カラスも。

年に一度オシラサマを遊ばせる
——オシラアソビ

曲がり家の囲炉裏の周りに女の子たちが集められ、オシラアソビが始まった。オシラアソビは女の子の仕事。これからオシラサマに化粧を施し、新しい着物（センダク）に着替えてもらうのだ。

老人クラブ会長の菊池芳子さんが説明を始めた。

「オシラサマはみんなの願いをなんでも聞いてくれる神様です。似合う着物を選んで、願いを込めてお化粧して着物を着せるんだよ。昔は家でやっていた行事だけど、そったら昔のことをっていまはやらなくなりました。昔から伝わる大事なことだから、みんながお嫁さんにいっても思い出してくれたらいいなと思います」

女の子たちはオシラサマを手に取り、米粉でこしらえた白粉で化粧を施し、着物を着せ、十二単を着るように襟を重ねてオシラサマを華やかに飾った。美しく化粧したオシラサマ同様に、真剣な表情でオシラサマに化粧を施す彼女たちもまた、とても美しい。大人になったとき、彼女たちはオシラサマに祈りを込める静かな時間をどんなふうに思い出すのだろう。

カラスよばりと小豆団子
——好物の小豆団子をあげるから

オシラアソビが終わると今度はお田植えだ。田植えの動作をまねるように、松の葉を持ち、雪を田んぼに見立てて、うねに松の葉を植えていく。今年も米がよくとれるようにと願いを込めて。それが終わると、一列に並んだ子どもたちが空に向かってカラスよばりの歌を歌い始めた。「カーラス、カラス。餅けっからこーいこい」

小雪がちらつく空に元気な声が響き渡る。歌い終わると、子どもたちは一斉に空に向かって小豆団子を放り投げた。冬は山にも田にも食べるものが少なくなるから、カラスは空をくるーりくるりと旋回し、小豆団子を食べにくる。

甘い砂糖を使ったあんことお餅をたっぷり使った小豆団子は、昔なら最高のごちそうだ。それを惜しげもなくカラスに放ってやるのには、おなかいっぱい食べて、秋になったら実った作物をついばまずにいてほしいという願いを託しているからだという。冷夏による飢饉に悩まされてきた遠野では、作物の豊作・不作は人々の命に関わる大問題だった。大好物の小豆団子をあげるから、作物を荒らさないでね――これもとても切実な願いごとだったにちがいない。

カラスよばりの歌は土地によってまちまちで、ほかの土地では悪口歌もあるらしい。北上市では「意地のよくねぁカラスば、頭割って塩つけてカゴさ入れて、からげぁで」と歌っていたらしいから、カラスからしたらおっかない話だ。

カラスよばりを終え、これで伝承園の小正月行事もすべて終わり。ここで、子どもたちから老人クラブのみなさんにプレゼントが手渡された。その様子を目を細めて眺めていると、いがぐり頭の天使が私のところにもやってきた。「はい」とプレゼントを手渡され、少し戸惑う。「え、いいの?」と受け取ると、いがぐり君は小走りに去っていった。袋を開けると、中身はホッカイロ。慣れない寒さに震える私にとって、これはうれしい。でももったいないから、しばらく使えそうにない。

さい銭箱

八幡宮

『遠野物語』に登場したゴンゲサマ
――頭を噛んでもらうと無病息災

見学を終え、参加者全員に温かいソバが配られた。そのうえに伝承園の食堂で郷土食のつみっこと農作業時のおやつ「こびる」の一つだったけいらんも注文し、遠野ならではの食べ物をたっぷりいただいて温まった私は、次なる目的地である松崎の遠野郷八幡宮に向かった。遠野郷八幡宮は遠野最大のお祭りである遠野まつりがおこなわれる神社で、『遠野物語』第百十話に描かれたゴンゲサマが奉られている古社だ。

『遠野物語』に記されているのはこんな話だ。

「ゴンゲサマというのは神楽の組ごとに一つずつ備わる木彫りの像。あるとき神楽組が附馬牛《つきもうし》で宿をとりみな眠った夜中火事が起きた。するとゴンゲサマが飛び上がり火を噛み消した」

この話からゴンゲサマは火伏せの神様として信仰されている。その姿は一見獅子舞でおなじみの獅子頭のようだ。だが、よく見ると牙がない。それが、ゴンゲサマが獣ではなくて神様だという証しだ。ゴンゲサマを漢字で書くと権現様、つまり神様が仮に現れた姿という意味なのだ。小正月におこなわれる年越し祭では八幡様が権現様となって舞い降りる権現舞を見ることができるというから、楽しみだ。

拝殿前でスタンバイしていると、しんしんと雪が降るなか、冬空に法螺貝の音が響いた。参道に権現様をたずさえた神楽衆が現れ、一人は法螺貝、一人は笛、もう一人は手平がねを手に参進してくる。舞い込みを終え、神楽衆は拝殿に進む。

ご神前で権現舞の奉納が始まった。あたかも魂が宿ったように、頭を振りかぶり激しい動きで神楽を舞う権現様は、やがて火に見立てた赤い布をガッガッと噛む所作をした。『遠野物語』に描かれた火消しの所作を、この目で見る。これが『遠野物語』の世界と現在が交差する瞬間だ。『遠野物語』の世界が、いま目の前によみがえる――。

神楽を舞い終えると、権現様は参列者の頭をガツガツと噛んで回る。権現様に頭を噛んでもらえば無病息災、今年一年健康でいられる――そう信じられているから、参列者は頭だけでなく腰や肩や、そのほか具合が悪いところをありがたく噛んでもらう。

神楽が終わり、今度は境内の馬場でどんと祭が

始まった。正月飾りを集めたどんと焼きの焚き物に火が入ると、冬空に猛々しい炎が上がる。その火の周りを権現様がぐるぐると回り、再び参列者の頭を噛んで回る。
空がうっすらと暗くなり始めたころ、参拝者に福餅が配られた。福餅は丸い形をしているため「丸く収める」という意味もあり、一年のはじめのお守りでもある。私も長い竹の棒の先に福餅を刺して、パチパチと燃えるどんと焼きの火でじっくりとあぶり、福餅にかぶりついた。少し焦げたが、「厄落としだからね、少し焦げるくらいがいいんだよ」と地元の方に教えてもらった。

昔話と明かりは夜を温かく包む舞台装置

次第に暮れゆく空と、夕闇に赤く燃え上がるどんと焼きの炎を眺めながら、私は昨年のことを思い出していた。ここ遠野郷八幡宮でおこなわれた

「一灯で聴く遠野昔話」というイベントに参加したのは、六月のことだったろうか。
電気がない時代、夜は闇に包まれていた。い

までは電気の光があることが当たり前で、必要があればいつでも明かりをつけることができるけれど、昔はそうでなかったはずだ。そんな時代の闇とはどんなものだったのか。

以前、岩手沿岸部での被災地取材の帰りに、夜中に海沿いの大槌から遠野にいたる笛吹峠を車で走ったことがあったが、そのときの怖さといったらなかった。峠にさしかかるころにはあたりに濃い霧が立ち込め、民家も何もない峠道は車のライト以外には街灯もなく目の前は真っ暗。文字どおり一寸先は闇だ。しかもガソリンの残量が少ない。もしエンジンが止まったら、闇に飲み込まれてしまう。どうしよう。幽霊でも出るんじゃないか。いや幽霊といわずとも、このへんには熊も出るはず……。おびえながら山を越え、ようやくふもとの家の明かりが見えてきたときの安堵感はひとしおだった。この恐怖のドライブで、私は日頃どれだけ光に守られ電気がある生活の恩恵を受けていたかを思い知ったのだ。

「一灯で聴く遠野昔話」は『遠野物語』の時代をしのんで、ろうそくの明かり一つで語り部が語る昔話を聴くというもの。鳥居の前に集合した私たちは、ちょうちんを片手に明かりを消した神社の参道を歩き、拝殿の暗闇に足を踏み入れた。そっとろうそくに火がともされ、昔話が始まる。語り部が昔話を語ると、風に揺れたろうそくがチラチラと瞬く。人柱の話が語られるときは、その瞬きが恐ろしさを際立てて、「どんとはれ」と話が終わると、不思議と包まれているような温かささえ感じた。少しだけ、『遠野物語』の昔を体感する──物語が闇を安らぎに変えていく。

明かりと昔話は、恐怖の対象だった闇を、温かく包んでくれるものに変える舞台装置でもあったのだろう。闇の先に広がる異界と、夜を生きる人間をつなぐ、昔話。そんな不思議な感覚を教えてくれたのも、ここ遠野郷八幡宮だった。

日本のハロウィーン、畑まき

すっかり日も暮れたころ、私は本日最後の目的地である土淵町の飯豊公民館へ向かった。飯豊神楽が残る飯豊地区は標高が比較的高い場所にあり、水源に乏しかったことから稲作でなく畑作が中心だった。ここで今夜、畑の豊作を祈る畑まきという行事がおこなわれる。畑まきとは、子どもたちが家々を訪ね歩き、幸せの種をまいて回るというもの。いったいどんな行事なのだろうか。

公民館にうかがうと、小学生たちが集まって畑まきの歌を練習していた。黒板には詞が書かれている。

やらさのえー　やらさのえー
恵方（あけ）のほうから畑まきにきました
まかせますか　まかせませんか
やらさのえー　やらさのえー

子どもたちはこの歌を歌いながら、家々を訪ねるという。練習を終え、夜の里へ歩きだした子どもたちのあとを追って、私もカメラ片手に飛び出した。子どもたちの後ろ姿が、月の光に照らされてボーッと浮かび上がる。一軒一軒家を訪ね、玄関前に立つと、子どもたちは一列に並んで歌う。

「やらさのえー　やらさのえー」

歌声を聞いた家の人が出てくると「恵方のほうから畑まきにきました。まかせますか？　まかせませんか？」と聞く。家の人は玄関をあけて姿を現し、「まかせます」「いっぱいまいてけう！」と答え、ごほうびに袋いっぱいのお菓子を手渡す。

これは、まるで日本のハロウィーンだ。早くも次の家を目指して歩きだした子どもたちの歌声が、闇夜にこだまする。その一部始終を眺めながら私は思った。まるで夢か映画でも見ているみたいだ。

日本は思ったよりもずっと広くて、いまもまだ見たこともない風習が思いもよらない場所に残っている。それはとても美しくて、かけがえのないことなのかもしれない。その価値にいまはまだ気づいていない人も多いけれど……。

そんなことをつぶやくと、畑まきの案内を買って出てくれた飯豊自治会役員の今淵博美さんが「東北文化財映像研究所の阿部武司氏が〝偉大なるマンネリ〟という言葉を使っていたけれど、こういうのがまさにそれなんだろうな」と答えてくれた。やめることもせずに毎年続けてきたから、いまここにこんな風習が残っている。気がつけばそれがいまの時代にはすっかり珍しく価値があるものになっていた。そんな感じだね、と。今淵さんの言葉には照れ隠しもあるのかもしれないけれど、それが日本のハロウィーンを残してくれたのなら、結果オーライだ。そうして残された伝承が忘れ去られようとしている土地の教えや学びを伝えてくれているのだから。

しばれる雪道を一時間以上も歩き回り、両手いっぱいにお菓子の袋をぶら下げた子どもたちが公民館に帰ってきた。もらったお菓子をテーブルの上に並べると、スナック菓子やチョコレート、どら焼きやようかんまで実に壮観だ。昔は白いお餅をもらったものだが、いまでは時代に合わせて子どもたちが好きな袋菓子になったとか。これをあとで小さい子から順番に選んで袋いっぱいに詰めて持ち帰る。子どもたちにしてみれば、お菓子選び放題のパラダイスだ。

遠野の人でも畑まきを知る人は少ない。でも飯豊では、毎年かかさず日本のハロウィーンが続けられている。畑まきに参加していた子どもたちは、みんな飯豊神楽にも参加しているそうだ。彼ら／彼女らが担い手になって、伝承は後世に受け継がれていく。

地獄から鬼が上がってこないように
——仏正月のとろろご飯

遠野では十五日に小正月として神事をするのに対し、十六日は仏正月として亡くなった方のためにお正月をする。仏正月は別名「地獄の釜の蓋開き」と呼ばれるもの。死後の世界である地獄は地中にあると考えられていて、この日は地獄へ下りる釜の蓋が開き、地中から恐ろしい鬼が上がってくると考えられていた。土淵には、十六日の朝にはとろろ汁をかけたとろろご飯を食べる風習がある。とろろ汁はネバネバしているので鬼が足をすべらせてしまうと連想され、地獄からの鬼が上がってこられなくなり、家族みんなが一年健康で過ごせるとされた。

仏正月にとろろご飯を食べる家も最近では少なくなったが、「いまも食べるよ」と教えてくれた方もいた。土淵の山崎金精様の近くに住んでいるというおばあちゃんは、「嫁いできたときに仏正月は必ずとろろご飯を食べるようにと教わった。このへんではちゅーぶ（脳卒中）にならないようにっていう。とろろがないときはわざわざ買っても作るようにしていた」と教えてくれた。

生きている以上、逃げることができない死の恐怖。そして恐ろしい鬼と地獄のイメージを、お椀一杯のとろろご飯でやっつけてしまおうとする。「とろろご飯を食べたからもう大丈夫」と安心する。このささやかさこそが、人間のかわいらしさであり、願いを託すまじない食のすてきなところだ。

生きていくことがいちばんたいへん
——ミズキ団子と先祖供養

「ミズキ団子は五穀豊穣を祈るものとされているけど、本当は先祖供養の意味もあるんだと、附馬牛町に住む当時八十二歳だった北湯口おばあちゃんが教えてくれた」と私に話してくれたのは、遠野郷八幡宮宮司の多田頼申さんだ。長短二またに分かれるミズキの枝の一つひとつに団子を飾り付けるのは、家系図の形を表すためだというのだ。父母、祖父母、曾祖父母……それぞれにお供えをしてご先祖様に新しい年を迎えてもらい、その喜びを伝え、ご先祖様を供養する意味が込められている。

現在では、ミズキ団子は豊作祈願の意味合いが強くなり、先祖供養の意味が薄れてしまった。それは、自給自足時代には作物がとれるかとれないかが死活問題だったからだ。「ホトケさんを拝んでも腹の足しにならない。食べ物を恵んでくれる田んぼや畑のことをまず神様にお願いしなければ」という気持ちから、先祖供養の意味合いがだんだん薄れていった。

生きていくことと腹が空くことがいちばんしんどくてたいへん。だからこそ田畑の豊作、鳥害よけ、養蚕の成功、そして先祖供養と生活の端々に小さな祈りがあった。厳しい自然と向き合って暮らした時代だからこそ、命につながる願いを込めたまじない食が人々の心を支えたのだろう。

多田さんには「宝は田からだからね」とも教えていただいた。肉や魚も豊かにそろう現代とは違い、当時の感覚では田畑でとれる食材は宝だった。食物に呪術的な力があると信じる気持ちもあったかもしれない。感謝する、捧げる、食べる。これらがすべて田畑を中心に回っていたのではないだろうか。

死の恐怖や飢餓・不作の恐怖など命に関わるような大きな問題を前にして、ミズキ団子や小豆団子の力はちっぽけすぎる。現代人はそう思ってしまうけれど、昔の人はそれでも願いを託して祈らずにはいられずに、身近な食材を使ってごちそうをこしらえた。人が自然と折り合いをつけてきた歴史のささやかな結晶がまじない食なのだ。

遠野の小正月
開催場所／岩手県遠野市　各地
開催時期／毎年1月15日
問い合わせ先／0198-62-1333（遠野市観光協会）

第7章

龍神様のナスが夏の毒消しに

お諏訪様のなすとっかえ

［埼玉県狭山市］

小学生のころ、図書館で隠れ里を扱った本を見つけた。山奥に人知れず存在する桃源郷。自分が知らなかった異世界がこの世界のどこかにある——そう知ると、怖いけれど探しにいってみたい気持ちを抑えられなくなった。

ある日の放課後、意を決してリュックサックに水筒とお菓子を詰め、山に向かった。山の奥のほうへ歩けばきっと隠れ里がある。そう信じてずんずん山奥へ進んだ。道路から林道へ、そして獣道へ。歩けども歩けども隠れ里は見つからず、だんだん日も傾いてきて怖くなった。泣きそうになって、来た道を戻る。子どもなので道はうろ覚えだ。案の定迷子になり、わんわん泣きながらなんとか下山したところを、捜し回っていた母に見つかってしこたま怒られた。

思い起こせば、私は昔から民俗学の香りがするものが好きだった。どうしてだろうと考えると、どうも小さいときの生活に原因があるように思えてならない。

わが家ではアニメやドラマやバラエティー番組は見てはダメ、例外としてNHKの教育テレビだけはOKという謎の決まりがあったので、あまりテレビを見ることができなかった。アイドルの名前もよく知らないし、友達からはやりのアニメの話をされても話の輪に入れない。そんな私は、子ども向け番組の代わりにNHKの紀行ドキュメンタリー番組に夢中になった。ほかに面白い番組を見たことがなかったせいか、紀行番組に映る各地の習俗や祭りの風景がとても新鮮に思えた。豪雪地帯の養蚕のドキュメンタリーや、漁村を巡るシリーズ番組はエキサイティングだったし、見たこともない土地の、自分が知らない風土での暮らしにはとても興味を引かれた。

テレビをあまり見ないぶん、あとはひたすら本を読み、野山を駆け回った。その結果、見えないものへの妄想力だけはたくましくなった。妖怪図鑑で「川に棲む河童が尻小玉を狙っている」と知った日以来、川のそばを歩くたびに「尻小玉」を抜かれることを想像しておびえた。一反木綿は九州に出没すると知り、夜道が怖くなった。

見えないものへの恐怖から脳内で異形の神を作り出し、勝手におののいておびえる。考えてみれば、妖怪はこうやって誕生したはずだ。電気と文明に守られた現代では妖怪のすみかはもはやないし、誰も妖怪を怖がってはいないけれど、おそらく私はテレビから遠ざけられたことで、はからずも一時代前の感覚を身につけて育ったのだと思う。母の策略にはまったというべきか、母のおかげというべきか。私が民俗学コンシャスなのはきっと母のせいだ。

ところでテレビもなければインターネットもない時代、闇を象徴するものが妖怪や怪異譚だったとするならば、光を象徴するものは祭りだっただろう。娯楽が少ない時代、祭りはどれほどエキサイティングなものだったのだろうか。淡々と続く日常と、人の行き来が少ない閉鎖的なムラ社会に、ハレの日だけ突如現れる狂騒。祭りは人々の感情を解き放ち、文字どおりのお祭り騒ぎは最高の娯楽だっただろう。思えば現代では、この狂騒が常に電脳空間に用意されているのだから少し怖い気もする。

さて、昔ながらの祭りにつきものなのが神輿だ。神輿は祭事で神様が渡御するための乗り物で、屋根が付いた神輿のほかに変わり神輿もいろいろある。男根や女性器をかたどった神輿は奇祭のシンボルとして有名だが、そこまできわどいものでなくても、全国津々浦々に珍神輿がある。その一つ、今回見つけたちょっと噴き出してしまいそうなおどけた風体の神輿が、埼玉県狭山市の「なすとっかえ」に登場するナス神輿だ。

入間川諏訪神社に伝わる龍神伝説

狭山茶で有名な埼玉県の狭山市は、東京都・池袋から西武線で四十分ほどのところにあり、都心へのアクセスもいい街だ。「なすとっかえ」は入間川四丁目にある入間川諏訪神社で毎年八月二十六日前後の土日におこなわれる行事で、畑で

育てたナスを諏訪神社に持っていき、龍神様のナスととっかえてもらい、これを食べることで夏の毒消しにするというもの。狭山市の無形民俗文化財にも指定されている。いつから伝わっているのか、なすとっかえにまつわる伝説はこういうものだ。

昔、むかしのこと、諏訪の里、おすわ（諏訪）さまの裏手に、底なしの大きな沼がありました。

あるとき、この沼に住む魚が殺されたり、近くの田畑が荒らされたりというようなことが、たびたび起こりました。これは、おすわさまの怒りではあるまいか。村人たちは、大勢で里の安泰を祈りました。

そのあくる日、朝の畑仕事を終えた村人たちが見たのは、ものすごい音としぶきの中で、狂ったように暴れている竜神の姿でした。

村人たちは、もう腰をぬかさんばかりに驚きまして、手に持っていました鎌やおのをほうり出し、娘たちはとれたばかりのなすを投げ出し、家へ逃げかえりました。

このことを聞きました村の屈強な若者たちが、おそるおそる沼にやってきますと、沼は何ごともなかったように、なすを入れていたかごが浮いているだけでした。

そんなことがありましたある晩のこと、村長の夢枕に「私は、おすわさまの沼に住む竜神であるが、今までたいへん騒がせてすまなかった。じつは、夏病に苦しめられていたときに、投げられたなすを食べたら、その苦しみも治った。これからは大神に仕え、村のために尽くすから許せよ」といいました。

こうして、夏病にきくなすの効用を知りました。村人は、年に一度の大きい祭りには、神前になすをそなえ、そのうちのいくつかを竜神からいただき、夏病悪疫を避けたということであります。また、竜神の姿から養蚕、苗代を荒らすネズミよけとしてもきくといわれております。（狭山市「なすとっかえと竜神さま」〔https://www.city.sayama.saitama.jp/manabu/rekishi/ehon/irumagawa/nasu.html〕）

次なるまじない食はナスだ。龍神様のナスが夏の毒消しになるというなら、見てみなければ。私は、一路狭山市へ向かった。汗が玉になって額に浮き出てきそうな夏の終わりのことだった。

夏の毒消し
――龍神様のナス

住宅街の一角にある諏訪神社に着くと、ちょうど神事が始まろうとしていた。神前に献上されたナスに祝詞が上げられ、氏子らが玉串を奉奠する。最近では地区の夏祭りと同時開催されているらしく、境内には鮮やかな紅白の盆踊りやぐらが組まれ、その先には……あったあった。ナスの神輿も出番を待っている。

神事が終わると、地域の方々が集まってきた。ビニール袋にナスを入れて持参したおばあちゃんが代わりに龍神様のナスを受け取って帰る。昔は自分の家で作ったナスを持参し、龍神様のナスととっかえて＝取り換えていたらしい。しかし最近ではナスを作る人も少なくなったため、厄よけナスとして販売するようになった。自分の家の畑から持ってきていたころはおっきいナス、ちっちゃいナス、丸いナスと形もさまざまだったそう。

「それにしても、なんでナスだったんでしょうねぇ」とつぶやく私に、なすとっかえの由来を教えてくれたのが狭山市教育委員会の半貫芳男さんだ。

「やっぱり、この時期いちばん多く収穫できた旬の野菜がナスだったんでしょうね。狭山は昔から土地が豊かで、このへんも昔は畑ばかりでしたから。養蚕も盛んでしたよ」と懐かしそうに話す半貫さんは、狭山にはほかにもどぶろくを使った「甘酒祭り」があること、入間川を挟んで村が分

厄除茄子

諏訪神社
厄除茄子

厄除け茄子
200円

奉納

断されたことなどを教えてくれ、思い出したようにこう言った。「龍神様の池、見てみますか？」

なんと龍神様の池は実在したのか——がぜん興味がわいた私は、半貫さんに案内されて諏訪神社横の小道に踏み込んだ。「いまはもう池はないんですけどね。湧き水は残っているんです」と半貫さんが案内してくれたのは、昔は湿地だっただろうぬかるんだあぜ道。その先の「水祖神」と刻まれた小さな祠の脇では、湧き水がチョロチョロと流れ出ている。「竜神様の祠ですよ」と半貫さんが言う。国道からほんの少し入っただけなのに、神社の裏手にあるここは薄暗い。日が沈んだあとに池のほとりに立ったら、どんな感じだったろうか。きっと池の水は飲み込まれそうな漆黒で、底なしの沼には龍が棲み……そう考えると足元がひんやりしてきた。小さいころのくせで、また異界に引き込まれそうだ。

ナス神輿が住宅街を練り歩く

しばし異界に思いを馳せながら諏訪神社に戻ると、軽トラックに乗せられたナス神輿が神社を出発するところだった。これから子どもたちがナス

神輿を担いで街を練り歩くのだ。とはいえ、最近では坂道を登るのはたいへんだということで、坂の上の公園まで神輿を軽トラで運び、そこから行列を始めるという。私も半貫さんと一緒に公園まで歩くことにした。

　公園に着くとナスの絵が描かれたちょうちんが掲げられ、法被姿の子どもたちがスタンバイしている。しばらくするとナス神輿の行列が始まった。ナス神輿が住宅街を練り歩く。子どもたちの手によって巨大なナスがひょこひょこと担がれていく。ふと見ると蝶まで飛んでいる。なんて平和で、なんてほほ笑ましい光景なんだろう。でも、なぜナスは神輿にまでなってしまったのか……と考えようとしてやめた。目の前の風景はかわいらしくて、ちょっと噴き出してしまいそうな感じ。もうそれだけで楽しいからいいや。この「なんじゃこりゃ?」感も祭り独特のエンターテインメントなのだ。特に理由なんて求めなくてもいいという気持ちになる。

　そんなふうに思いながら、隣を歩く半貫さんに「あの厄よけナスはどうやって食べるんですか?」と聞いてみた。「うーん、普通のナス料理ですよ。天ぷらとか煮びたしとか。でも天ぷらにするとかえって胃もたれしちゃいますかね。夏の毒消しなのに」。半貫さんの答えもこれまたほほ笑ましく、この日常にすっと溶け込んでいる感じが、私にはまたまたツボだった。神輿が神社に戻ると、夕方からは盆踊り大会。ナスに彩られた一日はまだまだ終わらない。

水の神様・龍神とは
——水神伝説や水神の祭りについて

　なすとっかえの伝説の中心になるのは龍神様だが、水神と同じような位置づけで伝承されることが多い龍神とはどんな神様だったのか。その存在は日本人にとってはポピュラーであり、その名を聞いたことがない人は少ないだろう。しかし意外

祭
諏訪子供連

祭

なことに、龍神の正体は定かではないようだ。もともと龍は中国で生まれた空想上の動物で、巨大な蛇のような体軀に足が生え、雲をつかみ空を飛ぶ。寺院の天井に雲をつかむ龍が描かれているのを見たことがある人も多いだろう。

中国では龍は水を招き寄せると考えられ、黄河が氾濫したときには龍神に牛馬を生贄として捧げる風習があった。そういった中国での龍神信仰が仏教とともに日本に伝来し、古来の水神信仰と結び付いたようだ。

私が小さいときに住んでいた家の裏手には水神社があり、年に一度はお祭りもあった。けれど、水神様ってなんだろうと考えてもはっきりとしない。大人に聞いても「龍」と答える人もいれば、「河童」と答える人もいた。『遠野物語』を書いた柳田国男は「河童は水の神が零落したもの」と記している。

川や農業水路が多いところに行けば水神様の祠はいまだに多いし、井戸の神様も水神様として祀られている。水は生活のすぐそばにあるものだから、自然と感謝の対象になって信仰が生まれたのだろう。このように水神は漠然としながらも、昔

の生活のそばで確かに信仰されていた。その背景には、水への恐れと感謝があったのだろう。農耕民族だった日本人にとって、稲を育てるために雨は欠かせない。雨が降らなければ、稲は実らず、命をつなぐことはできない。けれども、雨が降りすぎれば稲は腐ってしまうし、河川が氾濫すれば災害にもつながる。そう考えれば、水や雨や河川を司る水神という存在への信仰が生まれたのはとても自然なことだ。

水神信仰と食べ物

なすとっかえの龍神は夏の毒消しをもたらしてくれるが、水神様にまつわるまじない食はほかにも各地にある。「第5章　豆腐を食べて一年分の嘘を帳消しに――八日吹きのうそつき豆腐」で紹介した鳥取のかまやきはミョウガをのせて焼いたおやきのような餅で、子どもたちが川で溺れないようにとの祈りが込められていた。

新潟県新潟市内は水害が多く、昔は水路ごとに水神様が祀られ、水神様の祭日になるとお供えとして舟に川エビの煮物をのせて流す風習があったそうだ。残念ながらこの風習は現在もおこなわれているかどうか確認できないが、市内在住の方によると、個人宅ならばまだおこなっているところがあるかもしれないとのことだった。

ほかにも水神にまつわる伝承行事として秋田県横手市のかまくらや、四国各県に伝わる雨乞い踊りがある。降らなくても困る、降りすぎても困る。思いどおりになど到底ならない雨や水に対しての小さな祈りがかまやきであり川エビの煮物だった。

厄よけナスでは、龍神の病を治す役割を人間が投げたナスが担ったことから、一転してナスが人間に利益をもたらしてくれるものに変化していることも興味深い。自然を制するのではなく、利を与え、利を得る。これは、常に自然と共存してきた日本人ならではの自然と付き合う方法なのかもしれない。

なすとっかえ
開催場所／埼玉県狭山市入間川　諏訪神社
開催時期／毎年8月第4土曜日・日曜日
問い合わせ先／04-2953-1111（狭山市役所社会教育課）

第8章

巨大なタラを担いで大漁祈願

掛魚まつり

［秋田県にかほ市］

秋田銀行金浦支店
北都銀行金浦支店
JA秋田しんせい金浦支店
(有)互光
(有)カサヤスポーツ
由利高原鉄道(株)

冬の日本海は独特だ。その色は青というよりも鉛のように重たい色で、大きくうねる波を眺めているとどんよりと心が曇る。二〇一五年二月、秋田県にかほ市を目指す私の目の前に広がったのは、鈍色で飲み込まれそうに重い海だった。

初めて冬の日本海を見たのは、鳥取の美保関でのことだった。その日は小雨で、ドウドウと荒れるその海は私がよく知っている地元の海とは異質に思えた。太平洋と東シナ海に囲まれた鹿児島の海は、カラッと青くドーンと広い。目の前の日本海の青はそれとはやはり違う。白波が打ち寄せる海辺に立つと、身のすくむような怖ささえ感じた。

にかほ市金浦《このうら》は、秋田市から海岸線を南下し、松尾芭蕉が訪ねたことで有名な象潟《きさかた》にいたる少し手前に位置する漁師街。ここ金浦で毎年二月四日におこなわれるのが、約三百五十年の歴史をもつ掛魚《かけよ》まつりだ。かつて冬の荒れた海で金浦の漁師の八割が亡くなるという船の大事故が起きたことから、漁師たちが神社を建立し、その年にとれたいちばん大きなタラを神前に供えたというのが由来で、海が荒れるこの季節に海上安全と大漁、家内安全を祈るための祭りとしていまに伝わる。

いまでも漁師の年とりの日でもある立春の日に、大きなタラを担いだ漁師たちが金浦山神社《このうらやまじんじゃ》まで行列し、神社にタラを奉納する。金浦の漁師にとっては、「掛魚が終わってからやっと新しい年が始まる」というほどに大切な行事だった。

ちょっと寄り道
——「本荘ハムフライ」の宴

翌日の掛魚まつりに備えて金浦から電車で数駅の羽後本荘駅近くに宿をとった私。その晩は楽しい宴が待っていた。いつも仕事でお世話になっている方が地元の方々を紹介してくれ、急遽懇親会が催されることになったのだ。由利本荘の焼き鳥の名店・一平に集まってくれたのは、由利本荘の本荘ハムフライで街おこしに取り組んでいるハム

民の会の今野広志さん、佐々木淳さん、山崎弘隆さん、佐藤智典さん。さっそく打ち解けて、地元の食の話に花を咲かせる間にも、出てくる出てくる、秋田・本荘のうまいもの。うん、旅の夜はこうでなくっちゃ。

まず楽しみにしていた本荘ハムフライが運ばれてきた。実は羽後本荘に宿をとったのは、本荘ハムフライを食べてから金浦に行こうと企んだのが理由。さっそくかぶりつく。薄くスライスしたプレスハムに衣を付けてからりと揚げたハムフライは、どこか懐かしいおやつ感覚だった。それもそのはず、本荘ハムフライは、本荘で一九六〇年前後まで子どものおやつや学校給食のメニューとして愛されていたものなのだ。近くにプリマハムの子会社の工場があり、ハムが身近だったことから生まれたもので、近年街おこしのためにご当地グルメとしてめでたく復活した。

ハムフライの次は、比内地鶏の焼き鳥にきりたんぽ鍋、地鶏の刺し身、ガサエビの素揚げ。きりたんぽ鍋は、以前旅館で食べたときには加減がわからずにくたくたになるまで煮込んでしまったけれど、地元の方に作ってもらうと野菜・山菜がシャキシャキして、きりたんぽも絶妙な火の通り具合。ガサエビは、鳥取の「モサエビ」と同じもの。深海でとれるエビだが、足が非常に早いので市場に流通せず、地元でしか食べることができない幻のエビと聞いていた。鳥取に行ったときは時季はずれで食べることができなかったけれど、まさか本荘で出合えるとは。地鶏の刺し身も、鹿児島で小さいころからさつま地鶏の鳥刺しを食べて育った私にとっては懐かしい味だ。

すっかり満腹でご機嫌になったころ、「本荘に来たならアサラーに行ってみれば？」と言われた。思わず「アサラーってなんですか？」と答える。アラサーじゃないよな。浅漬けにラー油？　不思議がる私が教えてもらったのは、由利本荘独特の食文化・朝ラーのことだった。

知られざる本荘の食文化・朝ラー

朝ラーとは、朝ラーメンの略だった。朝ラーの聖地ともいうべき清吉そばやは以前朝市があった場所の近くにあり、朝市帰りの客のために早朝から店を開けていた。それがいつしか本荘の名物になり、いまでも本荘ではラーメン屋数軒が五時から開店していて、朝から行列ができるほどのにぎわいだという。しかも寒い土地なので、車に乗ったままで行列を作る。そんな珍しいものがあるなら、やっぱり行ってみたい。ということで、ナビゲーターを務めてくれることになったハム民の会の佐藤さんと早朝に待ち合わせの約束をして、私は宿に戻った。

翌朝、小雪がちらつくなか佐藤さんと落ち合って清吉そばやを目指す。朝ラー時刻としてはちょっと遅めの朝八時台に店に着くと、行列はすでに終わっていたが、店に入ってまずびっくり。銭湯の番台のように入り口に人が座っているのだ。佐藤さんに勧められたとおり中華ソバと肉鉢を頼むと、プラスチックの番号札を渡された。店内には人がまばらだが、これはまだ人が来ていないからではなく、満員だった時間が過ぎて客が引けたからだという。

しばらくして運ばれてきた中華ソバは、鶏でだ

しをとったあっさり醤油スープのラーメンだった。上にはチャーシューの代わりに親鳥の肉がのっている。付いてきた小鉢がまた面白い。小鉢の中身は天かすで、お好みでラーメンに天かすを加えて味を変えながら食べる。肉鉢はだしをとったあとの親鳥の肉を小鉢にしたもの。焼き鳥などに使われる鶏肉はいまではほとんどが雛鳥の肉だが、こちらは産卵を終えた親鳥の肉。雛鳥よりもずっと硬いが、コリコリと噛み応えがあってくせになる。

実は内心「早朝にラーメンなんか食べて大丈夫だろうか、胃がもたれないだろうか」と心配していたのだが、まったく問題なし。脂分をほとんど感じないあっさり鶏だしラーメンはまさしく朝仕様だ。「朝ラー食べてから出勤する人もいるんですよ」と佐藤さんが教えてくれたけれど、このラーメンなら普通に朝食でもいける。それにしても地元ならではの食っていうのは、足を運ばないと出合えないものだな、ネット上の情報では出てこないことが多いものだな、とつくづく感心しながらラーメンをすすった。

巨大なタラが港街を練り歩く
――迫力満点のタラ行列

初体験の朝ラーを終え、掛魚まつりにも同行してくれるという佐藤さんと一緒に、清吉そばやをあとにした。にかほ市に向けて海岸線を南下すると、ところどころに大きな風力発電機がある。日本海から吹く風が相当強いということだろう。二十分ほど車で走って金浦漁協に着くころには、日が差し始め、あたりはポカポカと暖かくなった。

漁協の駐車場に降り立つと、建物の前に停めてある軽トラックの荷台で発泡スチロールに入れられた何やら黒い物体がぬらぬらと光っている。なんだろうと近づくと……巨大なタラだ！　しかも恨めしそうにこちらを見上げている。一メートル弱もあるだろうか、こんなに大きなタラはいまま

で見たことがない。タラの姿に目が釘付けになっていたところ、建物のなかから神楽の笛の音が響いてきた。神楽を先頭に、タラをぶら下げた漁師行列がいままさに出発しようとしている。掛魚まつりの始まりだ。私も急いで行列を追って駆けだした。

竹竿に縄でゆわえられたタラの重さは十五、六キロもあり、一人ではとても担げないので、大人二人がかりでぶら下げて運ぶ。漁港から住宅街へ、そして金浦山神社へと行列は進み、見物客がぞろぞろとあとに続く。金浦山神社の階段を上って拝殿前に着くと、運ばれたタラが物干し竿のような長い竿にずらりと掛けてあった。

奉納されるタラはメスだけで、腹はたっぷりのたらこを蓄え、はちきれんばかりにふくらんでいる。境内に何十本もタラがぶら下がる光景は迫力満点だ。だが、近くで凝視するとなんとなく大きなオタマジャクシのようにも見えてくる。陸に揚がってもなおぬらりと濡れたように光る体色を見ているうちに、昨日見た鈍色の海を思い出した。

しばれる冬のごちそう
——味噌風味のタラ汁「ざっぱ汁」

神社での神事が終わり、今度はタラ汁の振る舞いがある勢至公園へ。公園に入ると、大漁旗が風にはためき、いかにも漁師の祭りらしい風情を醸し出している。地元の神楽保存会の子どもたちによる金浦《きんぽ》神楽《かぐら》の奉納もおこなわれていた。そのうちに日がまた陰り、海から冷たい風が吹いてきた。タラ汁振る舞いの行列に並んでいると、あっという間に体の芯まで冷えていく。寒さに慣れているはずの佐藤さんまでブルブル震えて寒そうだ。

風の冷たさはこたえるけれど、その風に乗って味噌のいい香りが漂ってくるのはたまらない。地元のお母さんたちがこしらえたタラ汁は、ぶつ切りにしたタラの身とアラを味噌で煮て、ネギを散らしたもの。昔は各家庭で作っていた料理で、秋田弁でいうと「ざっぱ汁」、青森では「じゃっぱ汁」と呼ばれるものだ。

　しばらく待つと、われわれの順番が回ってきた。大鍋からジャッとよそわれたタラ汁を受け取って、池っぺりのベンチに座り、さっそくひと口頬張った。味噌味でプリプリのタラの身がたっぷり入ったタラ汁は温かく、しばれる寒さに冷えきった体に染み渡るよう。無言で汁をすすっていると、なかからプニプニした褐色のアラが出てきた。タラの肝だ。「この肝がおいしいのよ、通は肝いっぱい入れてくれって言うの」とタラ汁をよそうお母さんが言っていたっけ。濃厚で舌にのせたらプニ

ュッと崩れる肝は、ことのほか美味で、肝がほかにも隠れていないかと探すうちにあっという間にタラ汁をたいらげてしまった。

負けないし強い
――そんな気性を育む日本海

勢至公園のベンチから見える小高い丘は勢至山。「あれが金浦の漁師さんの山なの」と教えてくれたのは、ハム民の会の紹介で話を聞かせてくれることになった金浦の高橋利枝さんだ。「昔は灯台もGPSもなかったでしょ。だから漁師さんは海に出ると、自分の位置を知るためにあの山を目印にしたの。山だてといって、船の上から勢至山を見つけて、周囲にある鳥海山と太平山を見比べながら自分がいる位置の見当をつけた。漁師さんのいちばん大事な山で、漁師の守り神なんです」

金浦の漁師はかたくなで気性も言葉も荒い。でもそれは当然のことなんだと高橋さんは言う。

「あんなに荒れる日本海が相手なら、内陸の人のようにゆったりしていたんでは生きていけないでしょ。同じ秋田でも気性が違うのはそのせいでしょうね。昔はいまのように大きな船ではなく、木の船で漁に出ていたから、実際に私が小さいころも漁で亡くなる方が多かった。でも、いちばんすごいのは漁師のお母さんかもしれない。一度海に出たら無事に帰ってこられるかもわからない夫を、毎日海へ送り出すんだから。それは女の立場からするとすごいことよね。漁師のお母さんたちは、花見のときに勢至山のてっぺんの祠と周辺にある三十三の観音様を全部回って、夫の海での安全を祈るんですよ」

仙北や鹿角などの内陸は冬の間深い雪に覆われるので、春がくるのをじっと待つことが必要だった。山あいの乳頭温泉のあたりは特に雪深く、冬に訪れると雪に閉じ込められたように感じられるくらいだ。だからだろう、内陸の人はゆっくりしているし、穏やかな人が多い印象がある。でも、そんなふうにしていたら金浦では生きていけない。「海も今日は珍しく穏やかだけど、いつもはもっとすごいのよ。防波堤を波が越えてくるから。雪も、金浦では上から降るんじゃないの、海風に吹かれて横から飛んでくるの。でもそれが好きですね。冬の荒れた海こそ日本海。こういう海の近くで生きてきたから、金浦の人は負けないし強いの」と高橋さんは笑った。

ハタハタとタラがきたら親が死にそうなときでも漁に出る

ところで掛魚まつりで奉納されるタラはなぜメスだけなのか。それにはこんなわけがある。秋田ではタラの白子のことを「だだみ」という。だだみは新鮮でなければ食べられない食材なので、昔は地元でだけ消費されていた。一方でたらこは塩漬けにすれば保存がきくので、たらこをもつメスのタラのほうが高値で取り引きされた。

掛魚まつりが始まったころ、金浦の漁師は税金を貨幣でなく魚で納めていた。高価なメスのタラならばたくさん種類を納めなくても一本で税金がまかなえたため、とりわけ珍重された。掛魚に最も貴重で高価なメスのタラを奉納したのは、そのほうがご利益があると考えたからだった。海での安全は命に関わる大問題だったから、いちばん上等なものを捧げて、心から安全と大漁を祈願したのだろう。江戸時代にはそのときに揚がった魚をなんでも奉納していたが、徐々に現在のようにメスのタラだけになったという。

昔は金浦山神社ではなく、漁師の氏神だった「飛」集落の神社で祭りをおこなっていた。最初は漁師だけの小さな祭りで、タラ汁は祭りのあとに直会《なおらい》で食べるものだった。四十年くらい前からは観光化され、金浦山神社での神事と勢至公園でのタラ汁振る舞いとを合わせてイベントとして開催されるようになった。いまでは漁師だけでなく地元企業や学校も参加する、地域をあげてのイベントになっている。

金浦で冬にとれる魚の代表といえばハタハタとタラ。波が荒いときしかとれないハタハタと高価なタラがやってきたら、その日は漁師の稼ぎどきだ。

「ハタハタとタラがきたら親が死にそうなときでも漁に出る」。金浦にはそんな言葉も残されている。荒海に挑む漁師たちの姿が目に浮かぶようだ。

現代の縁起物が引き寄せた旅

ハムフライと朝ラーと掛魚まつりの旅を終え、佐藤さんに送ってもらって秋田駅まで帰る道すがら、もう一度日本海を見たくなった。道の駅岩城に寄り道してもらい、駐車場から浜に降りると、またもや吹き付ける強風。砂浜の向こうにある日本海は今日は深い藍色だ。凍えるほどの寒さだが、この海と別れるのも名残惜しかった。

一日一緒に旅した佐藤さんと秋田駅で別れ、秋田新幹線こまちに乗り込んだ私は、ポケットのなかから記念にもらった本荘ハムフライバッジを取り出した。何げなくその袋を見ると、そこにはこんな文字が躍っている。

本荘ハムフライは縁起物。
丸い形は円満をもたらし、

にっこり笑顔が福を呼び、
揚げ物だけにすべてが上がる

なんと本荘ハムフライも現代のまじない食だったのか！　あの楽しい宴はまじない食が引き寄せてくれたものだったのかもしれない。まじない食を探して旅に出て、旅先で現代のまじない食に出合い、人とつながる。こういう旅はいい。

これまで訪ね歩いたまじない食＝縁起食も最初はこういうふうに始まったのだろうか。はじめは確たる由来はなくても、いいことがありますようにという素朴な願いがあって、それを信じる人たちが増えて……。そうやってまじない食は育っていくのかもしれない。いつの日か、ハムフライが縁起物として有名になって、私のように遠路はるばるハムフライを訪ねる旅人が出てくるのかも。そんなことを考えながら、私は東京に戻った。

掛魚まつり
開催場所／秋田県にかほ市金浦山　金浦山神社、勢至公園
開催時期／毎年２月４日（立春）
問い合わせ先／0184-43-6608（にかほ市観光協会）

第9章

男の子の健やかな成長を祈る
八朔の団子馬
［香川県丸亀市］

サンライズ瀬戸と「瀬戸の花嫁」の洗礼

東京駅、二十二時。ちょっぴり鉄分濃いめで、鉄道旅が大好きだったから旅の文章を書く仕事を始めた私は、何年ぶりかのサンライズ瀬戸に大興奮していた。久しぶりの四国行き。ならば乗るしかないでしょ、寝台特急・サンライズ瀬戸。ホームからパチリと記念撮影、B寝台の個室ももちろん記念撮影、ビールとお弁当を買い込んでウキウキと列車に乗り込む鉄子。しかしまさか、そんな浮かれた鉄子が眠れぬ夜を過ごすことになるとは。

ゴッンゴッンゴゴゴゴ……。寝台に横たわる私の耳のすぐ横で、大音量のノイズが響く。下段の個室をとってしまったため、線路と車輪が擦れる音が容赦ない。おまけに寝台特急独特の振動も気になって眠れない。今回の丸亀行きにサンライズ瀬戸を選んだのは、サンライズなら朝いちばんに丸亀に着くというのも確かにあったが、「サンライズ瀬戸に乗りたい」と内なる鉄子がささやいたことも誘因だった。おのれ、内なる鉄子め。こんなことなら、新幹線で岡山入りして前泊すべきだったかも……。そんな私の物思いをよそに、一睡もできない神経質な鉄子を乗せたサンライズ瀬戸は岡山を過ぎ、瀬戸大橋を渡った。

窓の外に目をやると、瀬戸内海の穏やかな青い海が広がる。その色を眺めていると、さっきまでの煩悶はどこへやら。大小さまざまな島々を眺めれば、これから四国入りするのだと胸もはやる。少し眠いくらい、もういいや。塩飽勤番所《しわくきんばんしょ》があった塩飽諸島の上を通過し、電車の先に工業地帯が広がる陸地が見えてきた。ついに四国上陸だ。

坂出駅でサンライズ瀬戸を降り、丸亀行きの予讃線に乗り換えるためにホームに立っていると、のんびりした調子で「瀬戸の花嫁」のメロディーが聞こえてきた。この歌がはやったのは一九七二年だというから、四十四年も昔のこと。私がまだ生まれる前の話だ。時はびゅんびゅんとすさまじいスピードで流れていて、この歌がはやったあとに生まれ、ふるさとを飛び出した民俗女子は、鉄子となり旅ライターとなり、気づけば歳をとり、一巡していま再びふるさとを求めて旅に出ている。その間ずっと瀬戸の象徴として君臨し続けている小柳ルミ子の功績たるや恐るべし。寝不足のせいだろうか、私の脳裏にくるくるとルミ子の幻が躍る。

丸亀市は香川県の瀬戸内海側に位置する街で、かつては金刀比羅宮への参拝口としてにぎわい、うちわ作りで栄えた港街だった。その丸亀駅で電車を降りると、駅コンコースでは骨付き鳥の化身という触れ込みで、頭に骨付き鳥の形をかたどったゆるキャラとり奉行骨付じゅうじゅうが出迎えてくれた。骨付き鳥は香川の新名物として人気急上昇のB級グルメ。骨付きの親鳥肉と雛鳥肉を釜でパリッと焼き上げたもので、コショウがきいたスパイシーな味付けがインパクト大だ。酒の肴にはもってこいの食べ物だが、このとり奉行骨付じゅうじゅうも街おこしにひと役買っているらしい。

そして、コンコースの正面に展示されているのが、今回のお目当てのまじない食。大きく口を開けた倉敷張り子の虎の横でひときわ勇ましく跳ね姿を披露するのが、八朔の「団子馬」だ。

男の子の成長を祈る「八朔行事」

一日のことを古くは朔日という。旧暦の八月一日は八月の朔日であることから「八朔」と呼ばれ、江戸時代には五節句以外の重要な節句の一つとされていた。田んぼの早稲の穂が実るころでもあったため、「田の実の節句」として、お世話になった人に早稲の穂を贈り感謝を表す風習もあった。京都の祇園では舞妓や芸妓がお茶屋へあいさつ回りにいく風習がある。

八朔を「子どもの成長を祈る」日として祝う地域は全国に点在している。福岡県の芦屋ではワラ馬と団子で作った雛・だごびーなで子どもの成長を祈る芦屋の八朔行事があるし、香川県の仁尾町では、よそでは三月三日におこなう雛祭りを、八朔のこの日に仁尾の人形祭りとして盛大に祝う。

そしてここ丸亀市にも、ひときわ珍しい八朔行事が伝わる。丸亀では八朔を午節句と呼び、前足を高く上げる跳ね馬をかたどった団子馬を作り、男の子の健やかな成長を祈るのだ。今日、二〇一五年九月十三日は八朔の当日。私は団子馬作りがおこなわれているという中野餅屋を目指した。

丸亀城から少し離れたところにある菓子店の中野餅屋を訪ねると、店のなかから米粉を蒸すいい匂いが漂ってくる。「ごめんくださーい」と店内に入ると、蒸したての団子生地を運んできたのは中野大岳さん。親子で営む中野餅屋の息子さんだ。丸餅やおはぎなどが並ぶ餅専門店の店内には、針金と木でできた台が並べられ、団子馬作りが始まっていた。慣れた手つきで団子馬を作るのは菓子職人の岡雅久さん。蒸した団子を馬の骨となる台に付け、するすると伸ばしながら団子馬を作っていく。

団子馬は丸亀城主生駒氏の時代からあるとされ、その由来にも諸説ある。いちばん有力なのが、生駒氏に男の子が生まれたことを記念して、農民たちが団子馬を作ったというもの。ほかにも馬の名手だった曲垣《まがき》平《へい》九郎《くろう》にちなんで男児の出世を願うために作られたという説もある。

子どもの成長を祝う節句といえば雛祭りや端午の節句が一般的だろう。お雛様を飾り、雛あられや菱餅、ハマグリなどで女の子の成長を祝うのが雛祭り。それに対して、五月人形を飾り、男の子の成長を願うのが端午の節句と思われがちだが、岡さんによるとそうではない。五月は男の子の節句と思われているけれど、それは節句屋さんが決めただけで、五月は本来は子どもの日。そうすると男の子の節句がないから、丸亀では八朔に男の子の初節句をして、団子馬を飾って健やかな成長を願うというわけだ。

かつて丸亀の八朔は非常に豪華なものだった。各家では八畳間や六畳間に御殿を飾り、御殿の前に武者人形、倉敷張り子の虎、その前に団子馬を飾った。一頭だけでなく五、六頭飾る家もあったという。家のなかに竹藪を作り、そこから虎が出てくるような構えにしたもの、白い砂で滝を作り、鯉が滝を伝うようにしたものなど、家ごとに趣向を凝らした八朔の飾り方があった。

団子馬の形にもいろいろあり、足を前に上げたものを跳ね馬と呼び、頭を下にして前足をついているものをとび馬と呼ぶ。団子を付ける台は、鍛冶屋で作ってもらう打ち物で、各家で代々受け継がれている。しかし、台を作れる鍛冶屋もいまでは減ってしまった。団子馬を商売として作る職人も岡さんを含めて二人だけ。これから先、団子馬を継承していけるのか、それが心配だという。

馬節句
八朔
嫁入りおいり

職人技が光る団子馬作り

「さあ、今年最後の団子馬やけんのう」

一服のあと、気合を入れて立ち上がり、岡さんがまた団子馬を作り始めた。団子馬作りは、長年の経験によって培われた職人技なくしてはできない。団子はうるち米ともち米を一回粉にしたものに少しの砂糖を加え、目分量の水を入れて蒸してつくが、このときの水加減も大切だ。団子が硬すぎてもダメ、軟らかすぎてもダメ。軟らかすぎると馬の頭がだんだん自分の重さで崩れてしまうし、硬すぎても生地が伸びない。どのくらいの量でできるかの目分量も、長年の経験で身についたものだ。岡さんも十六歳のときから作り始め、先代が作るのをまねながら、何年もかけて団子馬作りの技術を習得した。団子馬を作るのは年に五、六日だけ。だから団子を練るのに五年、一人ですべて作れるようになるのに十数年を要した。

まず、蒸し上げた団子を陶芸の菊ねりの要領でこねていく。力のいる作業だ。骨となる台に団子を付け、慣れた手つきでするすると団子を伸ばすと、みるみるうちに馬の脚ができた。次に胴と頭を作り、指でぎゅっと押したところに鼻筋や目のくぼみができていく。目のなかには昔はガラス球を入れていたが、いまはぬいぐるみ用のボタンで代用する。たてがみや尾には竹の繊維を使う。あっという間に歯も形作られ、馬の体軀ができあがる。今度は岡さんの妻の秀子さんが馬に着物を着せ、兵児帯を締め、ひづめや口に赤・黄色・緑の食紅で彩色してできあがり。写実的で、いまにも走りだしそうな躍動感がある馬だ。

「お店によっても作る人によっても、馬の顔も形も違う。こういうふうにリアルに作るのがうちの特徴。なんでもいいわってダラダラと作るのは嫌いやから」と岡さん。団子馬作りは職人の誇りをかけた仕事なのだ。店内に並ぶいくつもの台は、すべて今日予約注文されているもの。一つの団子馬を作り上げるのに三十分ほどかかるが、その間にもお客さんが次々と団子馬を取りにくる。岡さんは順番に馬を仕上げ、できあがった団子馬一つひとつに「大事にこうてもらえよ、ちゃんと言うこときけよ」と声をかけて、目を細めて送り出す。

見事な手つきにほれぼれして見入っていた私に、岡さんが「食べてみらんね」と団子をちぎって渡してくれた。砂糖が少し入っているからか、口に含むと温かくほんのり甘かった。

もう一つのまじない
――子宝を願う縁起物

そうこうするうちに、きれいな女性が一人、店に入ってきた。男の子のお母さんなのだろう、「この馬の馬主さんや」と岡さんがおどけると、女性はこう言った。「ちゃんとおちんちん付けといて!」。美人さん、いまなんとおっしゃいましたか、と思わず固まる私。

そんな私を見て、「おちんちんはな、わざわざ付けるの。冗談で付けるんと違うの」と岡さんが笑う。

なんでも、団子馬の股間に立派なものを付けるのにはちゃんといわれがあるのだそうだ。昔このあたりでは、嫁入りして三年子どもができないと離縁されていた。あるとき、なかなか子どもができずに離縁間近だった女の人が、この団子馬の股間をちぎって食べたところ、めでたくご懐妊した。それから団子馬は子宝を願う縁起物にもなった。子どもの健やかな成長を願うだけでなく、近所に子宝に恵まれない人がいたら子どもができるようにと団子馬を贈る。団子馬は、子どもにまつわることをあれこれ叶えてくれる縁起物だったのだ。

団子馬を食べる「馬荒らし」

こうして作られた団子馬は各家で飾られ、八朔の日のお昼になると馬荒らしと称して団子馬をつぶす。つぶすというのは団子をちぎったり切ったりしてばらすことで、お祝いに集まった親戚にもおすそわけとして持ち帰ってもらったという。

つぶした団子馬は、軟らかいうちなら団子汁に。砂糖と醤油を絡めて焼く付け焼きにしてもおいしい。パリパリになるまで乾かしてあられにしたり、パットライスにすることもある。そんな話を聞きながら、パットライスとはなんだろう、チャーハンのようなものだろうかと不思議に思っていると、「パットライス知らんかな？　お米をポーンとやって……」と岡さんが説明してくれた。ああ……懐かしい。ポン菓子だ。

小さいころ、私の田舎にもときどきポン菓子屋がやってきた。ポン菓子屋の音が聞こえると、お米をビニール袋に入れて音がするほうに走った。ポン菓子屋のおじさんにお米を渡すと、機械に入れて、ポーン。米に高圧をかけてカラメル風味のおこしのような駄菓子を作ってくれたっけ。それが楽しくて心待ちにしていた。昭和が終わるころの、懐かしい記憶だ。九州の山間の田舎で育った私と香川の港街の子どもたちが同じお菓子を食べていたことを想像すると、妙にうれしくなった。

女性と出産、そして子ども

お別れのとき、中野餅屋のお母さん（中野善子さん）は、できたてほやほやのおはぎをもたせてくれた。添加物も何も入っていない、ゴロンとしたおはぎ。見るからにおいしそうな手作りおはぎだ。

みなさんにさよならを言い、また駅へ戻る。ホ

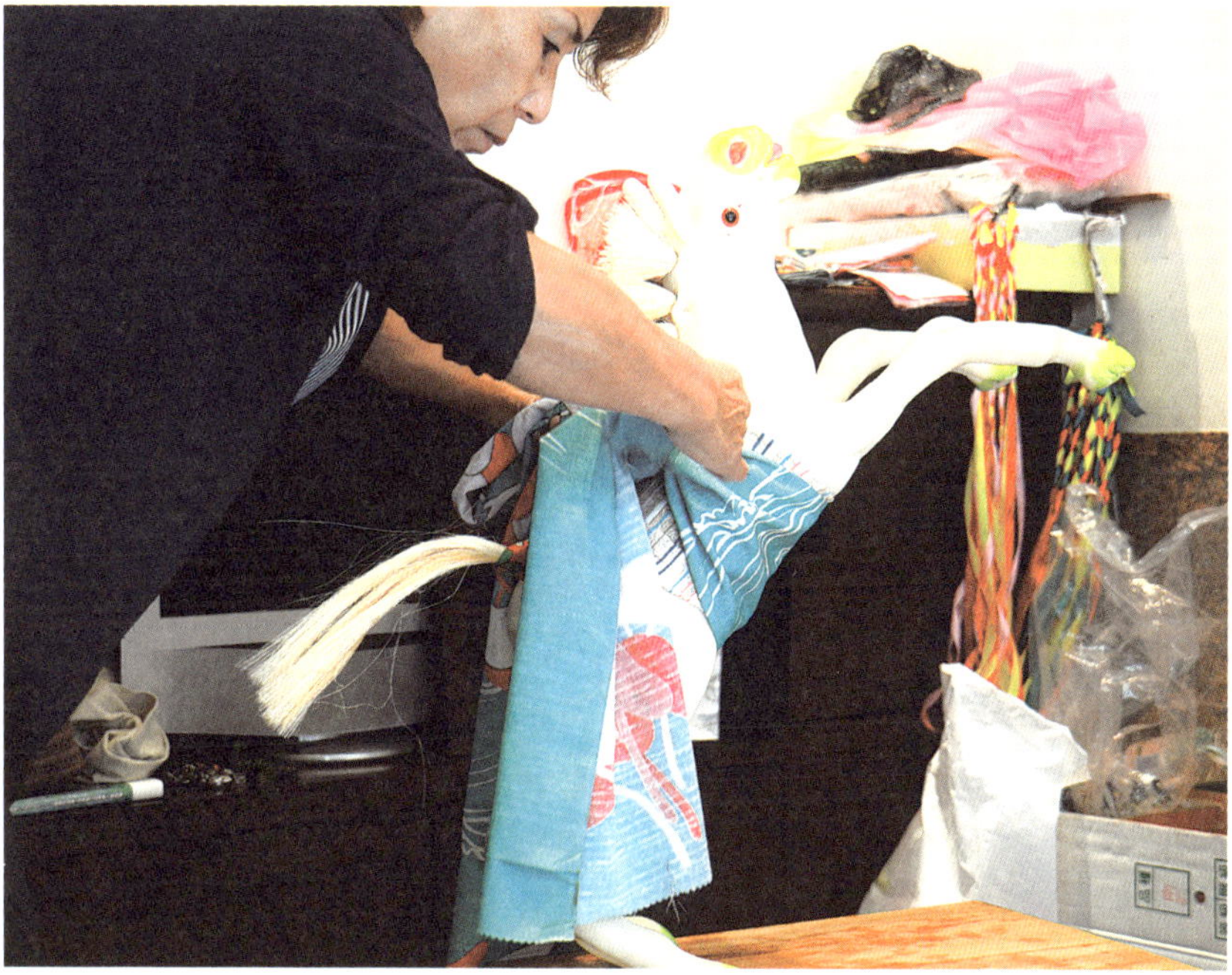

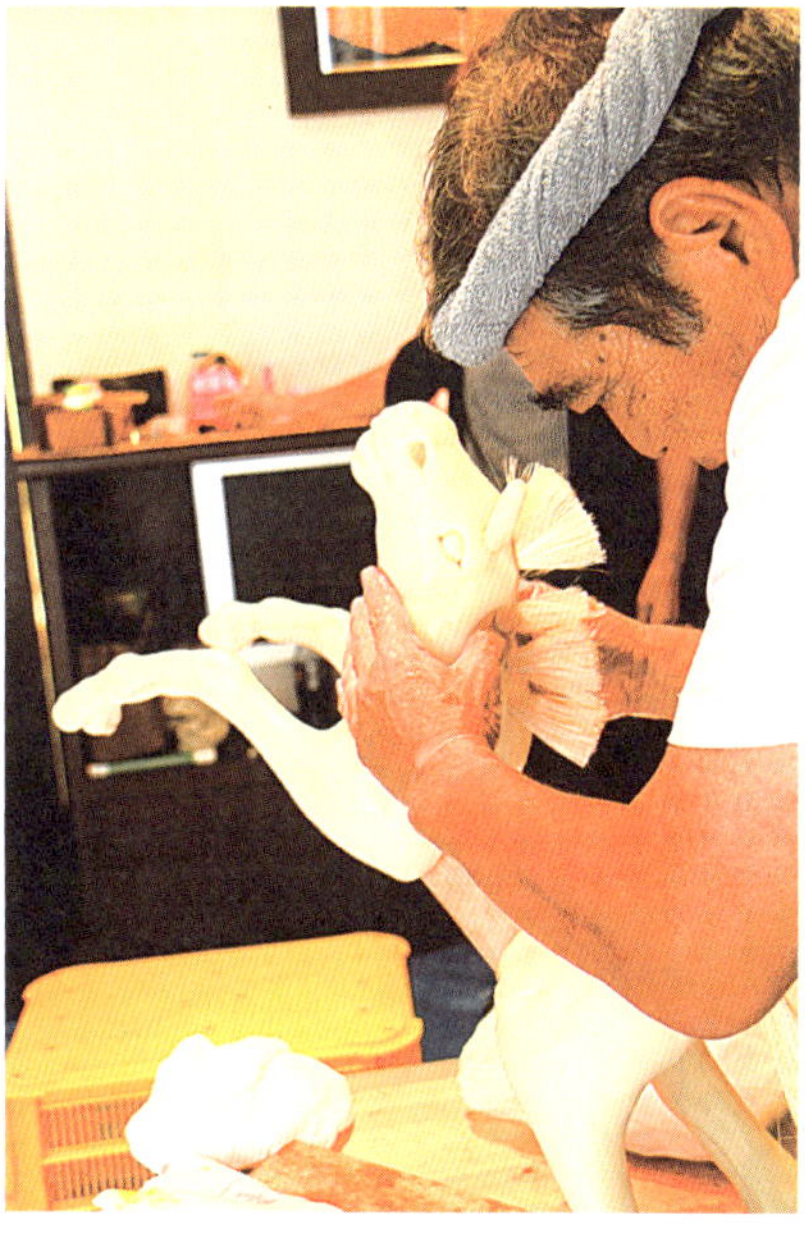

ームのキオスクでは、嫁入りを祝うさぬきの郷土菓子であるおいりを売っている。カラフルなおいりを一つ買い求め、瀬戸大橋線に乗り込んだ私は、今日出会ったたくさんの親子の姿を思い出しながら、考えた。

結婚と出産と子どもと離婚と。女性の人生ってなんだろうか。いうまでもなく、どれも女性にとっては大問題。でも、妊娠や出産は自分の思いどおりにはならない。子どもができないと用なしとされた昔の女性の苦悩を想像するのはつらい。子どもができるように、そして生まれた子どもが無事に大きくなるように。その願いはどれほど真剣なものだったろう。

現代では女性が働くことが当たり前になり、「女性と出産と子ども」問題は働き方の問題も加わって、さらに悩ましさを増している。かくいう私も保育園児を育てながらフリーランスで働くワーキングマザーであり、日々育児と仕事の両立に頭を悩ませている。仕事は好きだから、全力投球

したい。そうは思うけれども、保育園の送り迎えの時間に縛られ、子どもの急な病気に予定が狂うこともしばしば。仕事をしながら子育てをするのは、どうしてこんなにたいへんなのか。くじけそうになり、悔しくて泣く日もある。それでも間違いなく、子どもを産むという偉業は女にしかできない、とても尊いことだ。

子どもが生まれると、女性の価値観は一変する。守らなくてはならないものができたとき、母は強くなり、そしてどうしようもなく弱くなる。毎日が充足感で満たされ、幸せの垣根は低くなった。幸せは遠くにあるものではなくて、近所の公園の日だまりにあった。それが何より力強いものだったことに気づいた。そして、ひたすらに毎日祈るのは、子どもが日々平穏でありますように、無事健康に幸せに大きくなりますようにということなのだ。これほどに純粋で強い願いはほかにないと、母である私は身をもって知っている。

中野餅屋のおはぎを、家で留守番してくれている息子に食べさせてあげたい。大好物のおはぎ、きっと喜ぶだろう。ああ、すぐに東京に帰りたい。岡山駅からはサンライズ瀬戸ではなく新幹線に乗り込んだ。新幹線がもっと早く進んでくれたらいいのに。私の出張の日にはいつも家で夫と留守番してくれている息子は、帰ったらきっと飛びついてくるだろう。わが子の匂いをかいで、ぎゅーっと抱きしめよう。男の子の初節句のために団子馬を飾るお母さんたちの気持ちは、私もよく知っている。東京に向かう新幹線のなかで母の心はいつも以上にはやった。

団子馬
開催場所／香川県丸亀市土居町　中野餅屋
開催時期／毎年八月朔日（旧暦の８月１日）
問い合わせ先／ 0877-22-2549（中野餅屋）

第10章

大根を食べると中風にならない

鳴滝・了徳寺の大根焚き［京都府京都市］

京都。平安時代には都だったこの地は、いまも数多くの神社仏閣が残されている、そこかしこから日本情緒が漂ってくるような不思議な街だ。ほかの街にはない、京都だけの独特な何か。それは記念館や博物館のようにきれいに整えられた場所でなくとも、生活の傍らにポンと日本らしさが転がっているような距離の近さだと思う。観光地を訪れなくてもなんとなく路地裏を散策するだけで、どこからかお香のいい香りが漂ってきたり、趣ある町家に出合えたり。そういうふうに旅すれば、何度行っても飽きない。

数年前、急に思い立って京都を訪れ西陣織で有名な西陣を歩いてみた。私が小さいころに住んでいた街には機織り工場があったのだが、私はその近くまで行って機織りの音に耳を傾けることが好きだった。ギコンバタンと規則的な音は、機械の音なのに心地よい緩急があり、聴いていて気持ちいい。織物の街である西陣に行けば、もう一度あの音が聴けるのではないだろうか――そんな思いつきから西陣を歩いてみたくなったのだ。

北野天満宮がある北野白梅町の、いかにも京都らしい片泊まりの町家宿に泊まり、近くの小料理屋で夕食をとっていたときのこと。「このあたりに昔から伝わる伝統食は何かありますか？」と尋ねたところ、店主が教えてくれたのが大根焚きだった。「あっちこっちのお寺さんでやってはります、大根を炊くええ匂いがして、大根焚きがあると冬や思うんですわ」。そう教えてくれた店主の料理は、こっくりとした白味噌仕立ての味噌汁といい、おだしの味が染み込んだおばんざいといい、しみじみと味わい深くて、私はこの店主が語る大根焚きの風景にがぜん興味をもった。

大根焚きがおこなわれるのは千本釈迦堂、鳴滝の了徳寺、それに三宝寺、妙満寺、鈴虫寺の名前で知られる華厳寺など。大根焚きの日である十二月八日はお釈迦様が菩提樹の下で悟りを開いた日とされ、この日に大根焚きの大根を食べると病気をしないといわれる。京都では大根のことを「だいこ」と呼ぶので、読みは「だいこんだき」ではなく「だいこだき」だ。

かつて千本釈迦堂の大根焚きでは、京野菜の丸

い聖護院大根を使い、お釈迦様をしのんで大根の表面に梵字を書いてその大根を炊き込んでいたそうだ。いまでは聖護院大根が手に入りにくくなったことから普通の長い大根を使うが、梵字が書かれた大根ならば、さぞ霊験あらたかだろう。魔よけ・厄よけのご利益があるとされる大根煮に祈りを託す人々の姿が目に浮かぶ。

さて、今回訪れることにしたのは北野白梅町から嵯峨野に向かう途中にある鳴滝の了徳寺だ。了徳寺では毎年十二月九日・十日に大根焚きがおこなわれる。小料理屋の店主が話していたのは、おそらく店から近いここの大根焚きのことだろう。親鸞聖人にゆかりがあるこのお寺で、どのような風景に出合えるだろうか。

湯気に漂う大根のいい香り

鳴滝本町で京都市バスを降りると、道端に大根焚きと書かれた赤いのぼりがはためいている。のぼりを頼りに小道に入って数分歩くと、ぽつぽつと出店が並ぶ向こうに了徳寺の門が見えてきた。了徳寺は浄土真宗大谷派の寺院で、別名はずばり大根焚き寺という。一礼して境内に入ると、こぢんまりとした境内に所狭しと大きな樽が並び、樽いっぱいに張った水のなかに輪切りにされた大根がたぷたぷと浸かっている。あたり一面に漂うい い香りは、大根を炊くときのあの香りだ。ふろふき大根やおでんを煮込んでいるときのあの待ち遠しい気持ちを思い出す。湯気につられて本堂横の厨房をのぞくと、大釜いっぱいに大根を煮込んでいるところだった。表には大根焚きに使われる篠大根が何十本も並んでいる。嵐山から続く保津峡の肥沃な堆積土で育てられた篠大根は、なかなか手に入らない貴重なものだそう。この日のために約三千本が用意され、これを油揚げと一緒に一昼夜炊き上げて飴色の大根焚きができあがる。

時刻はちょうどお昼前。十一時からの法要に間

に合うようにやってきたため、ほどよく空腹を感じていた私のおなかが、甘い醤油の香りに刺激されてキュルルと鳴った。受付で大根焚きのお志を納め、半券と割り箸、それに由来を記した紙を受け取る。大根焚きが千円、炊き込みご飯付きのお斎《とき》が千六百円、大根の葉を使ったおひたしが五百円。家に待つ家族のためだろうか、持ち帰りもできるようになっている。割り箸には崩し字の和歌が。大学時代に古文書を読む授業で習った崩し字の読みを、頭の隅っこから引っ張り出してみる。「な・つ・か・し・や」だろうか。ちょっと自信はないが、自分のなかでは「なつかしや　けふ鳴滝の　大根焚き」という歌であることに落ち着いた。

了徳寺の大根焚きの由来は古く、一二五二年にさかのぼる。鳴滝の地にやってきた親鸞聖人が念仏の教えを説いたときに、感動した里の人々が大根を炊いてもてなしたのが始まりなのだそうだ。塩で味付けただけの素朴な大根煮だったが、親鸞聖人はたいそう喜び、庭のすすきの穂を筆がわりにして「帰命《きみょう》尽十方《じんじっぽう》無碍《むげ》光如来《こうにょらい》」と十字の名号をお礼に残したという。了徳寺にはいまもすすき塚が残り、すすきの名号も見ることができる。この日、本堂の親鸞聖人の木像には昔ながらの塩味の大根煮がお供えされるが、参拝者に振る舞われるのは現代人好みにカスタマイズされた醤油味の大根煮だ。

大根焚きの由来を頭のなかで反芻しながらも、おいしそうな匂いには抗いがたく、私は本堂に入った。長机が並べられ、大根焚きを食べながら法要の法話を聞けるようになっている。隣の席の方に運ばれたお椀からは、ふわんと湯気が上がり、窓から差し込む陽光に輝いていた。法話を聞きながら、静かに合掌してハフハフと大根煮をいただく姿がとても大切なものに思えた。「一年これを楽しみにしてたんや」と受付でおしゃべりしていた方もいたっけ。

そうこうするうちに私の前にもお椀が運ばれて

きた。油揚げと一緒によく煮込まれた大根は箸で崩れるほどに軟らかく、手を合わせてからひと口いただくと、油揚げからはジュワッとおだしが染み出した。おいしい。食べたあと自然に笑顔になるような、素朴だけれど幸せな味だった。お椀から立ち上る湯気を眺めているだけでも、ほくほくとした気持ちになった。これを食べると病気をせずにいられる。不思議とそう信じられるような温かさ。

大根焚きは俳句では冬の季語らしい。それも納得できるくらい、冬の京都の風景に溶け込んだ行事だった。厄よけと中風よけと。大根焚き寺にあふれるのはそんな素朴な願いごとと、安心したような参拝者の笑顔だった。

大根焚き
開催場所／京都府京都市右京区鳴滝本町　了徳寺
開催時期／毎年 12 月 9 日・10 日
問い合わせ先／ 075-463-0714（了徳寺）

第11章

お釈迦様のはなくそで病よけ
涅槃会と花供曾あられ
［京都府京都市］

春の京都にはお釈迦様にまつわるまじない食がある。旧暦二月十五日（現在では三月十五日ごろ）はお釈迦様が亡くなった日であり、お釈迦様への報恩感謝のために涅槃会《ねはんえ》がおこなわれる。涅槃とは仏教用語で炎が吹き消されたように煩悩が消えた状態のことで、悟りの境地を指す。また炎が消えることから入滅を表すこともあり、お釈迦様の入滅の日におこなわれるから涅槃会だ。

　この日、東福寺や真如堂などの寺院で参拝者に授与されるのが花供御霰《はなくそあられ》。正月の鏡餅の餅を砕いて黒糖をまぶしたもので、ゴツゴツした見た目の素朴な菓子だが、これを食べると病気にならないと伝わる。真如堂では三井家寄進の大涅槃図が公開され、清凉寺ではこの日に合わせて嵯峨御松明式がおこなわれるというから、涅槃会の京都を訪ねてみることにした。

　真如堂は洛東にある天台宗の寺院で、正式名称を真正極楽寺という。紅葉の名所として有名だが、シーズンオフの春は人影もまばらだ。またもや普段着の京都を歩く気分で、門をくぐった。受付に行くと、あったあった、お目当てのはなくそあられが。ちなみに真如堂のものは田丸弥《たまるや》で作られて

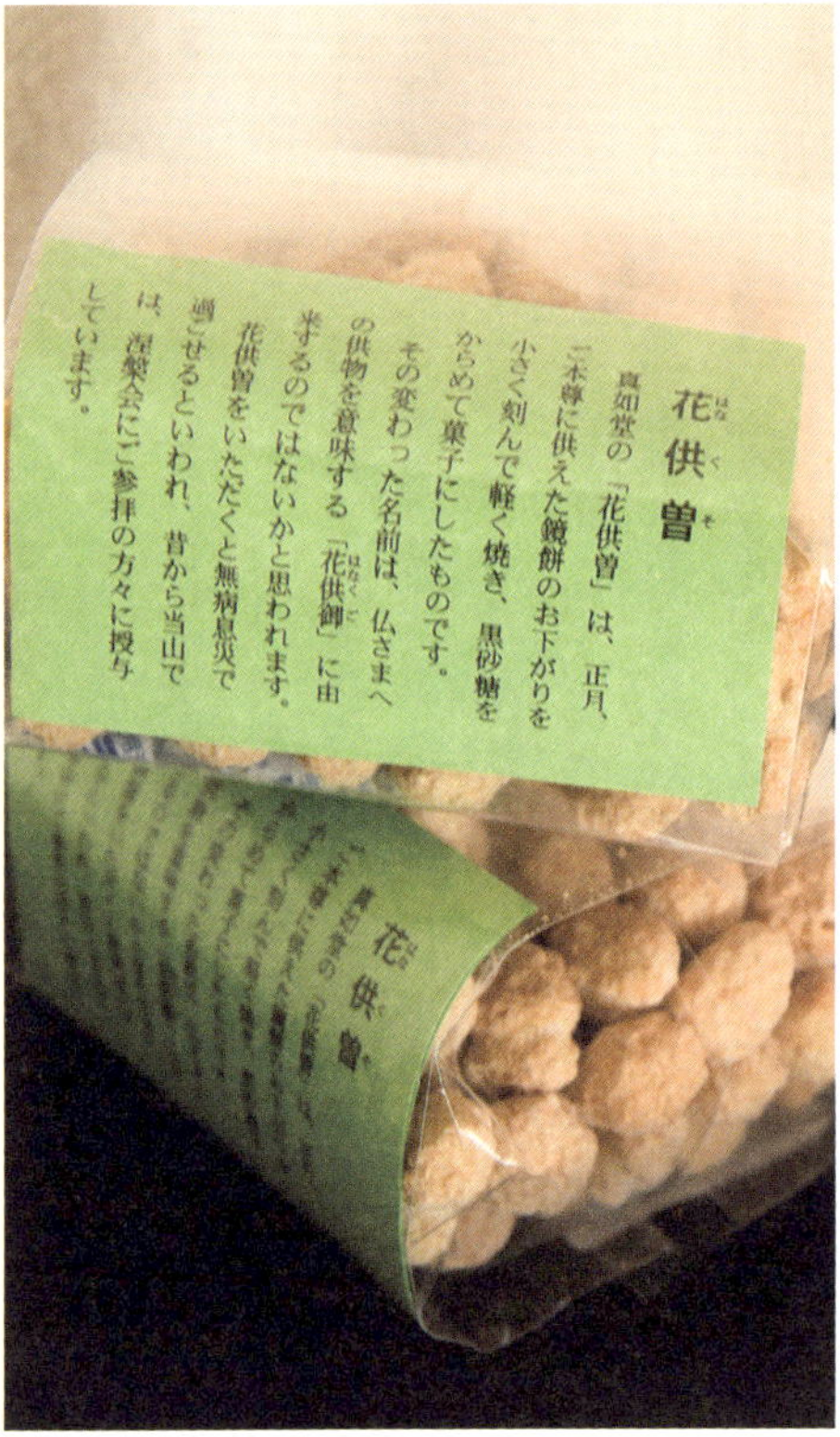

涅槃会

開催場所／京都府京都市左京区浄土寺真如町　真如堂

開催時期／毎年、旧暦 2 月 15 日（3 月 15 日ごろ）

問い合わせ先／ 075-771-0915

いて、花供曾と書くらしい。それにしても「はなくそ」といわれたら、やっぱり連想することは一つ。京都の子どもたちは「お釈迦さんのはなくそやー」とふざけたりするという。やっぱり口に出すのはちょっと勇気がいるが、恥じらいをかなぐり捨てて「あのぉ、はなくそください」と言ってみた。

赤面しながら花供曾あられを受け取ったが、大涅槃図の公開時間には間に合わなかったとのこと。残念だが仕方がないので、パンフレットに掲載された大涅槃図に見入る。天井から畳にかかるほどの巨大な涅槃図には、横たわるお釈迦様と悲しみにくれる弟子や動物たちが描かれているという。お釈迦様は最期にこんなに多くの人に見送られたのだろうか、と眺めていると、思わず今年の人口動態統計のデータで知った孤独死の多さを思い出した。人は死に方を選べないけれど、誰にも知られずに死ぬよりも、こうやって人に慕われて逝けたほうが幸せだろう。できるなら人に囲まれた最期であるように生きたいと願わせるのも、涅槃図の一つの狙いなのだろうか。

花供御とは仏様への供物を表す言葉だが、はなくそと名前がつく食べ物はほかにもある。静岡県湖西市新居町では、涅槃会にはなくそ団子と呼ばれる五色の団子を供える。日本海側に位置し舟屋で有名な京都府与謝郡伊根町では、お釈迦様の誕生日を祝って五月八日にはなくそ豆を作る風習があるそうだ。こちらはあられや大豆、青豆、黒豆を煎って、米粉ともち米粉を溶いて砂糖を入れたもので煮て作るまじない食。いずれもお釈迦様へのお供えとして作られるものだ。

真如堂をあとにして嵯峨嵐山行のバスを待つ間、花供曾あられを食べてみた。ポリポリと軽快な歯触りで止まらなかった。

天狗の鼻をかたどった松明で作物の豊凶を占う

——嵯峨御松明

一時間近くバスに揺られ、嵯峨の清凉寺近くでバスを降りると、あたりはもう真っ暗。これから清凉寺でおこなわれる嵯峨御松明は京都三大火祭りにも数えられるもので、松で作った高さ七メートルの松明《たいまつ》三本に火をつけ、その火の燃え方で一年の作物の豊凶を占う。境内では夕刻から大念仏狂言もおこなわれるというから、楽しみにしながら向かった。

清凉寺の境内に入ると、赤松の枝葉で作った大きな松明が準備されている。逆三角錐形の松明は三基あり、それぞれ早稲、中稲、晩稲を表す。松明を縛る藤蔓の結び目にあるでっぱりは天狗の鼻をかたどっていて、天狗に好天と豊作を願うことからきている。

狂言堂に移動すると、もう大念仏狂言が始まっていた。大念仏狂言はもともとは身ぶり手ぶりで仏の教えを説いたものが芸能化したもので、無言劇のためせりふが一切ない。しかし、夕闇のなかで太鼓の音が響き、面を着けた演者が跳んだり蜘蛛の糸をバーッと散らしたりと動きも大きく、ダイナミックだ。むしろせりふがないぶん動きが際立ち、面の上に生き生きと感情が表れているよう

にも見える。不思議だ。見入っていると、私のそばに立っていた小学生らしき子が「あぁ、土蜘蛛やぁ」と京なまりで小さくひと言つぶやいた。驚いた。こんな小さい子でももう演目がわかるのか。こんなふうに伝統芸能に身近に接して育つことが、なんだかすごくうらやましい。

本堂前には高張ちょうちんが掲げられている。赤いちょうちんの明かりが波打つように上下しているさまは、バンドをやっていた私にはアンプのイコライザーランプのように見えてしまう。これで今年の米や株の相場を占うのだそう。

境内が真っ暗になったころ、いよいよ用意されていた松明に火がつけられた。松明の火は荼毘に付されたお釈迦様の火葬を表し、この火の燃え方で作物の出来不出来を占う。パチパチッと派手な音を立てながら、あっという間に火は燃え上がり、闇夜に火の粉が舞い上がる。その周りをお練りと称するちょうちん行列がぐるぐる回る。燃え盛る炎の熱気にあてられて体が熱い。

ふと気がつくと、東京に戻る新幹線の時間だ。名残惜しいが、そろそろ行かなくては。走って人だかりを離れ、清涼寺をあとにして、少し離れたところから振り返ると、本堂や屋台の上にもバチバチと激しい火の粉が飛んでいた。勇壮な火祭りと、大念仏狂言の静寂に、京都の生活に根ざした祭りを見た。

嵯峨御松明
開催場所／京都府京都市右京区嵯峨釈迦堂藤ノ木町　清凉寺
開催時期／毎年 3 月 15 日
問い合わせ先／ 075-861-0343（清凉寺）

第12章

馬っこに団子を供えて豊年満作

馬っこつなぎとしとぎ団子

［岩手県遠野市］

一月には凍てつく寒さだった遠野に再びやってきた。小正月行事で畑の豊作と稲の豊作を祈ったのは約半年前。今日、六月十五日の遠野は田植えの時期を迎えていた。田んぼは水をたたえてみずみずしく輝き、木々の緑はさわやかに茂る。風も気持ちいい。いい季節だ。

今回のお目当ては、田植えが終わったころにおこなわれる民俗行事・馬っこつなぎを見ること。六月十五日はお天王様の祭日とされる。お天王様とは徐疫神として信仰された牛頭天王《ごずてんのう》のことで、京都の八坂神社に祀られ、その後全国に信仰が伝わり、八坂神社や天王社の祭神として信仰された。この日は愛知県にある津島天王社の祭礼の日でもあり、全国の神々が天王社に集まると考えられた。遠野では農神様を乗せるためのワラ馬を二頭、田の用水路やあぜにつなぎ、神様を送り出す。農神様はこの馬に乗って「田や畑の作柄を見て回る」とか、「天王様に作物のことを相談にいく」とか考えられたため、馬っこつなぎをすることで豊年満作を祈るのだ。いまでも、小友町の八坂神社や遠野ふるさと村で見学できると聞き、私は遠野ふるさと村に向かった。

遠野ふるさと村は江戸時代から明治期に建てられた南部曲がり屋を移築した野外博物館で、まぶりっと衆と呼ばれるおじいちゃん・おばあちゃんたちが昔ながらの農村の生活を再現している。農家の営みを間近で体験することができる貴重な施設だ。

附馬牛のふるさと村に着くと、風が山の木々をサワサワと鳴らし、吹き抜けていった。その音を聞きながら雑木林を抜けると、「大工どん」という名の大きな曲がり屋が現れた。薪を焚く匂いが風に乗って漂ってくる。近づくと、まぶりっと衆のおじいちゃん・おばあちゃんたちが馬っこつなぎの準備をしているところだった。萱ぶき屋根の下にはワラで作られた馬っこが二頭、キョトンとしたかわいらしいまなざしでこちらを見つめている。馬に乗った手書きの愛嬌ある顔は農神様だろ

第12章　馬っこに団子を供えて豊年満作──馬っこつなぎとしとぎ団子

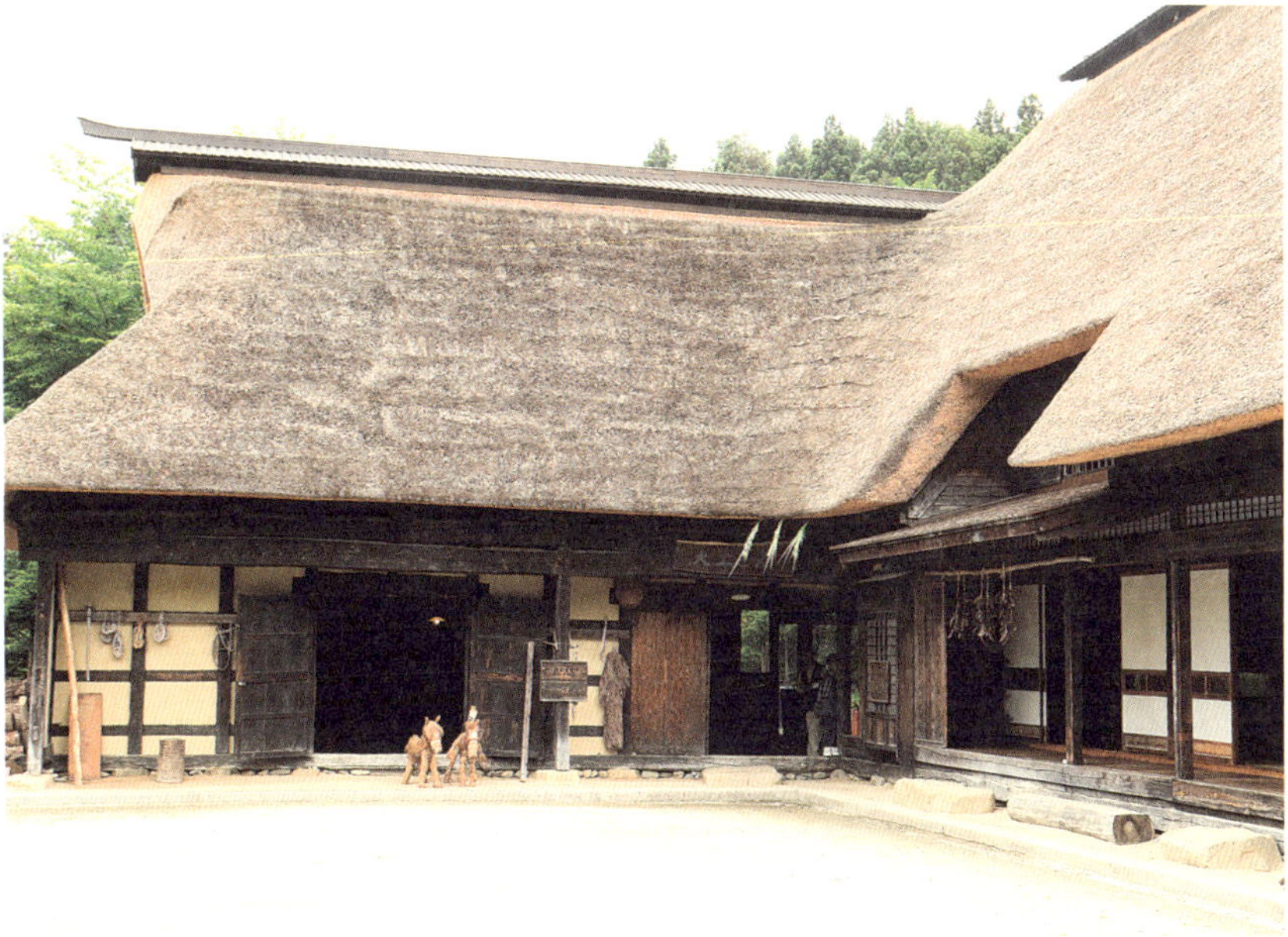

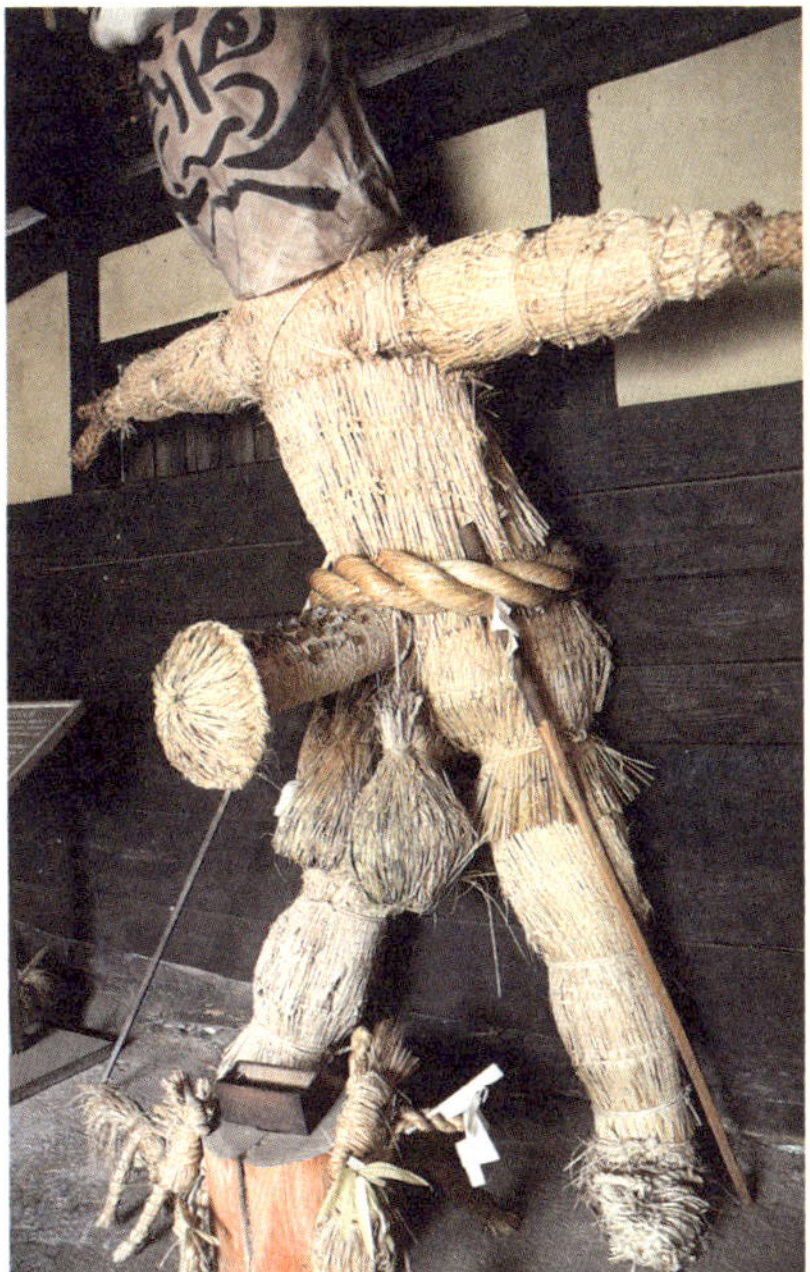

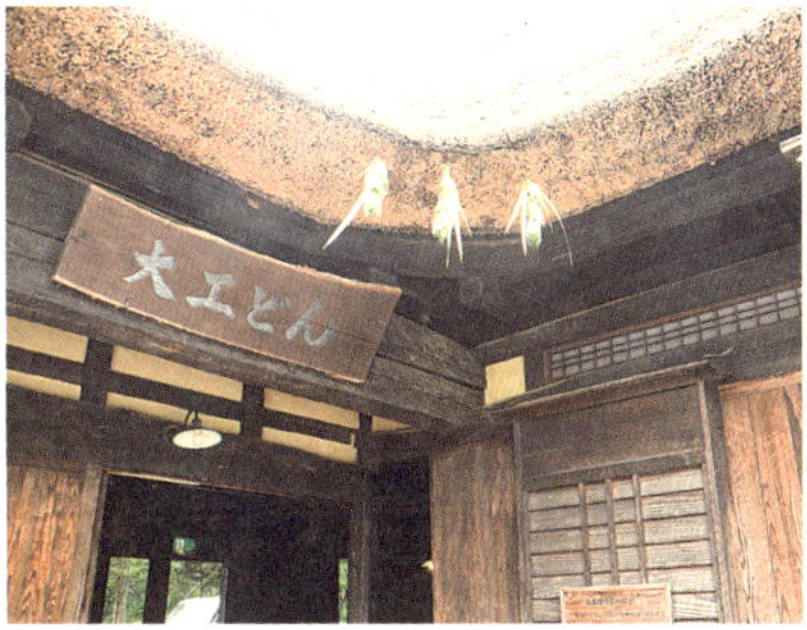

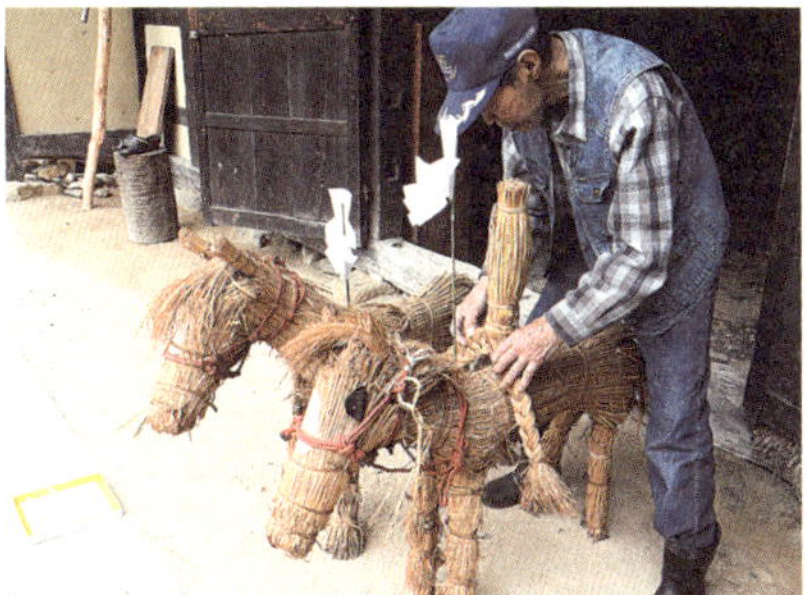

うか。見上げると、屋根の軒先にニョキッと突き出ているのは菖蒲の葉。ちょうどこのころ、萱ぶき屋根のふき替えをするのに合わせて、厄よけのために菖蒲飾りを付けるのだそうだ。土間には春風祭りに使う大きなワラ人形が立っている。ここでもまたムキムキッと突き出た例のモノを見せつけられるが、ほうとう祭りや団子馬で洗礼を受け、もはやこのシチュエーションに慣れてしまった私がいる。民俗行事の取材ではコレは避けては通れない。

縁側からおじゃまをすると、行事で使う馬の版画を用意しているところだった。昔はワラで馬を二頭作り、食料としてワラつとに入れたしとぎ団子を口に添え、田んぼにつないだ。しかしいまでは半紙に版画で馬の絵を刷ったものをあぜ口に刺すことが増えたので、その準備だという。墨汁を付け、紙に馬の絵姿を刷り、竹に付けていく。それを興味深くのぞき込んでいると、まぶりっと衆の方に手招きされた。見学に来たなら、せっかくだから手伝ってということで、「ハイ、豊年万作と五穀豊穣と書いてネ」と長い半紙と筆を渡された。これを馬っこつなぎの本番に使うというからたいへん、責任重大だ。おっかなびっくり筆をとり、半紙にしたためていく。書道なんてン十年やっていない。案の定、半分くらい紙が余ってしまい、豪快に笑い飛ばされ、リトライ。二度目になんとか書き上げたものが、馬っこつなぎの行事で飾られることになった。

準備が整ったところで、二頭の馬っこの前に食べ物が供えられた。缶入りのお茶と、おせんべいなどのお茶菓子と、団子。団子は米粉を水で練って丸めた白い団子で、しとぎ団子、またはおしとねと呼ばれる。十五夜にお供えする白玉団子と同じようなものだ。曲がり屋の前には続々と参加者が集まってきた。全員で神事をおこない、さあ出発だ。

馬っこ二頭を抱えたまぶりっと衆を先頭にして、みんなで列を作って田んぼまで歩く。少し離れた

ところから眺めると、あぜ道に咲いたあやめと草花の緑がたおやかで、そのなかを行く馬っこ行列がなんとも牧歌的だ。田んぼに着いた一行は、水を張ったばかりのみずみずしい水田のあぜ頭に、手に手に馬を描いた半紙をさし、馬っこをおつなぎし、今年も稲がしっかり実りますようにと祈りを捧げる。その後、参加者にはお神酒やお茶が振る舞われ、みんなの顔にもすがすがしい笑み。さあ、田植えが終われば農作業は本番、やがて遠野の里に夏がやってくる。

お神酒をいただき、曲がり屋に戻ったら今度はみんなで直会をおこなう。馬っこつなぎには豊作を祈るだけでなく、田植えの疲れをねぎらう「さなぶり」の意味もあるのだ。片隅でカメラをしまおうとしていると、またしてもまぶりっと衆の方に手招きされた。「手間賃でお昼をごちそうすっから」とのこと。これはうれしい、おじいちゃん・おばあちゃんと一緒にテーブルを囲めるなんてぜいたくな……と、誘われるままに席に着く。まもなくいい匂いの手作りカレーが運ばれてきた。遠野らしく山菜・しどけの漬物と、先ほどの団子も一緒に、おいしくいただいた。カレーのつまみに団子もパクッといくのは馬っこつなぎの日ならでは。もちろん私もこれにならった。

馬っこつなぎ
馬っこつなぎ
豊年万作
馬っこつなぎ
豊年万作

しとぎ団子、おしとねのルーツは粢？

しとぎ団子はしとぎと名がつくだけに、神事の神饌として用いる粢《しとぎ》が起源なのだろう。粢とは生米を水に浸して軟らかくしてつき、固めたものののこと。これは古代の米の調理法と考えられ、もともとは火を使わずに作るものだった。小正月の権現舞のルーツである黒森神楽では、権現様にシットギを噛ませる。また、広島・厳島神社の御烏喰《おとぐい》式《しき》では、海上で神鴉《ごがらす》に粢団子を供える。御烏喰式に参加した人は幸運を授かるとされる。

粢は餅や団子の原型になったと考えられ、もともとは加熱しないものだったが、のちにもち米を蒸してつく、米粉を丸めてゆでるなどの調理法が生まれた。遠野ではほかにも二月八日と十二月八日の事八日の行事で桃の木の枝に団子を刺して、悪魔よけにする風習もあった。ただの団子と侮るなかれ、白い団子は由緒正しきまじない食なのだ。

馬っこつなぎ
開催場所／岩手県遠野市附馬牛町　遠野ふるさと村
開催時期／毎年 6 月 15 日
問い合わせ先／ 0198-64-2300（遠野ふるさと村）

第13章

都会のまじない食

しょうが祭りのしょうが、こんにゃくえんまのこんにゃく、氷室祭りのカチワリ氷

［東京都八王子市・港区・文京区／大阪府大阪市］

祭りやまじない食といえばついつい田舎に伝わるものを連想しがちだが、なかなかどうして、都会にもまじない食はしっかりと残っている。その一つが、東京のあちこちに残るしょうが祭りだ。

東京都港区の芝大神宮は約千年の歴史をもつ古社だが、ここで秋祭りとしておこなわれるのがしょうが祭り。芝周辺はいまやビジネス街だが、このあたりも昔は畑だった。秋祭りのころに収穫されたしょうがを、まず神前にお供えしたが、このお下がりをいただくと病気をしないと評判になり、参拝者にしょうがが授与されるようになったという。九月十六日の例大祭を中心に十一日から二十一日まで祭りが十一日間に及び、だらだらと長い間続くことから、だらだら祭りの異名もあるこの祭り。あまりに長いため、神輿が出る最終日に行かないかぎりは祭りをやっているのかいないのかさえわからないほどのどかだ。

大通りから小道に折れたところにある芝大神宮に参拝すると、本殿前には葉付きしょうがが神明しょうがとして奉納されている。しょうがといえば、「風邪を引いたらしょうが湯を飲む」というおばあちゃんの知恵が伝わるとおり、殺菌作用や

薬効があると考えられてきた。古書『本朝医方伝』には「しょうがは穢悪を去り神明に通ず」と記されていて、古くから厄よけの力があると考えられていたよう。神明しょうがの名はここからきたのだろう。三方にもしょうがが山盛りになっているが、高知産と明記されていた。さすがに現代の芝周辺には畑がないからか、しょうがは遠路はるばる四国からやってくるのだ。

暦のうえでは秋祭りだが、近年は東南アジアを思わせるような猛暑とスコールばりの雨に降られる東京で、九月はまだまだ暑い盛り。「夏祭り」「夏バテに効く厄よけしょうが」といわれたほうがしっくりくる。

団子、饅頭、しょうが
——まじない食の宝庫・八王子

東京のしょうが祭りはここだけではない。あきるの市二宮神社のしょうが祭りでも、「二宮神社

のしょうがを食べると無病息災」と信じられ、参道にしょうが屋台が並ぶ。この日だけで約四トンものしょうがが売れるというからすさまじい。
　もう一カ所、八王子市の永福稲荷神社でもしょうが祭りがおこなわれると知り、足を運んでみた。
　ＪＲ中央線八王子駅から歩くこと十分弱、永福稲荷神社に着くと、鳥居前には厄よけしょうがを売る屋台が数軒並んでいる。神前には季節の生饌をあつらえた神饌とともに、しょうがも奉納されている。しょうがはやはり谷中しょうがと同じ葉付きのものだ。まもなく氏子の方々が集まり、神事が始まった。
　永福稲荷神社のしょうが祭りは例大祭としておこなわれるが、八王子でも昔はしょうがが作られていたので、ちょうどこの時期に収穫されるしょうがを神饌としたのだろう。厄よけしょうがは味噌を付けてそのまま食べるか、ピクルスのように酢漬けにして食べるというが、試しに生のままガリッとかじってみた。舌がピリピリとしびれるほどの辛みが刺激的。病をやっつけると連想されたのも道理のスパイシーさだ。

ちなみに八王子には、しょうが祭りだけでなく団子祭りや饅頭祭りもある。七月の団子祭りは富士森公園内の浅間神社でおこなわれ、境内で厄よけ団子が販売される。宵宮でおこなわれる湯の花の儀は盟神探湯《くがだち》を起源としたものだが、この日振る舞われる釜の湯を飲めば美人になるといわれるから、これは女性としては聞き捨てならない。いや、むしろ駆け付けなければならないだろう。

饅頭祭りは、八月に諏訪神社の例大祭としておこなわれる。この日は各家庭で饅頭を作り、これを食べると病気をしないとされた。いまは厄よけの饅頭として境内で販売されるから、参拝者も恩恵にあずかることができる。都内であるのにもかかわらず、食べるお守り・まじない食を身近に感じられるワンダーシティー、それが八王子なのだ。

眼病封じのこんにゃくえんま

東京にはほかにも病封じのまじない食が伝わる。文京区源覚寺のこんにゃくえんまでは、閻魔様にこんにゃくを供えれば眼病が治ると伝わり、たくさんのこんにゃくが奉納されている。閻魔堂には鎌倉時代に作られたえんま王木造座像が安置され、おっかない顔をした閻魔図の前にはたらいに山積みのこんにゃくが。これは、宝暦年間（一七五一―六四年）に眼病を患った老婆が閻魔様に祈り続けたところ眼病が治り、それ以降好物のこんにゃくを断ち、閻魔様に供え続けたことが始まりだという。しかしさすがにいまは二〇一六年、スーパーマーケットで売っている袋のままでこんにゃく

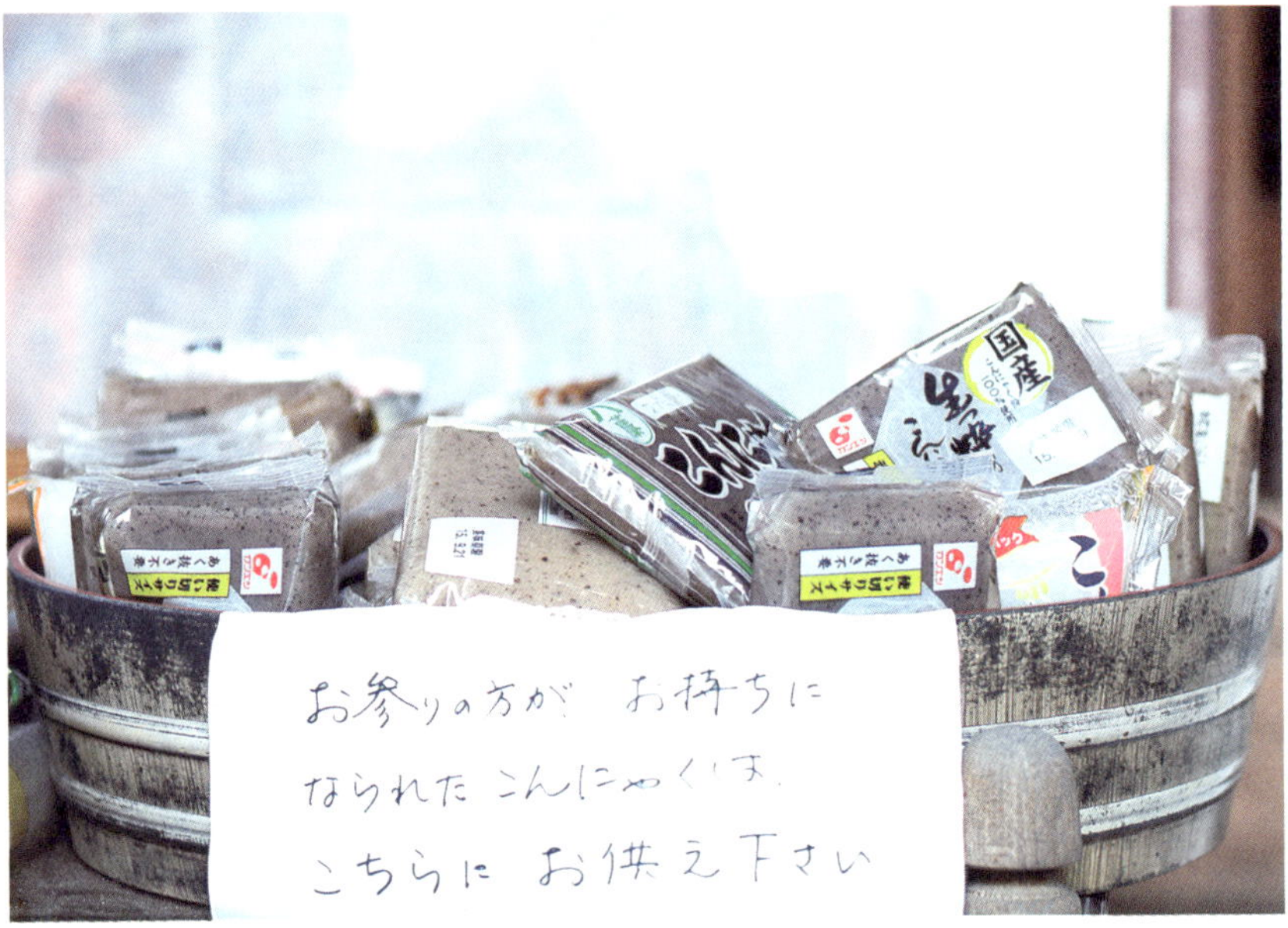
国産
お参りの方が お持ちに
なられたこんにゃくは
こちらに お供え下さい

参拝記念
すもゝ祭り

がドサッと積まれているのはご愛嬌だ。

さらに閻魔堂の隣には、歯痛にきくと伝わる塩地蔵もある。体の悪いところと同じところに塩をすり込むと病が治るとされるため、塩地蔵はもはや塩まみれ。ちょっと怖いと言ったら、バチが当たりそうだからやめておこう。願いの数ほど塩がある。塩地蔵様がうずもれるほどの塩が願いの証しなのだ。そして、眼病、歯痛と病封じも細分化されていて、それぞれに対応するまじない食があるというのも面白い。人の数ほど願いがあるということか。

ほかにも府中市の大国魂神社では八月にすもも祭りがあり、境内にすもも市が立つ。これは、前九年の役に勝利した源頼義・義家親子が戦勝の御礼詣にすももを供えた故事による。戦勝祈願をかなえたすももなら、あやかりたい人も多いだろう。このように、東京にだって、多様なまじない食が伝わっている。

カチワリ氷を食べると夏負けしない

東京にまじない食があるなら、もちろん西の大都会・大阪にもある。七月二十一日、大阪・御堂筋の難波神社でおこなわれる氷室祭りでは、仁徳天皇の故事にちなみ、神前に大きな氷柱が奉納され、この日配られるカチワリ氷を食べると夏負けしないと伝わる。ビル街の谷間にあるにもかかわらず、氷室祭りはのんびりしたローカルムードの祭りだ。夕刻が近づくと、巫女が参拝者にカチワリ氷を配り始めた。昔は冷蔵庫などなく、夏場は氷を山陰の氷室に貯蔵したというから、氷はこのうえない貴重品だった。そんな夏の氷に特別な力を見いだしたのもうなずける。コップに入れたカチワリ氷を、私も一ついただいた。噛みくだくと、ガリガリッと夏らしい音が響いた。

しょうが祭り
開催場所／東京都港区芝大門　芝大神宮
開催時期／毎年 9 月 11—21 日
問い合わせ先／ 03-3431-4802（芝大神宮）

こんにゃくえんま
開催場所／東京都文京区小石川　源覚寺
開催時期／通年
問い合わせ先／ 03-3811-4482（源覚寺）

氷室祭り
開催場所／大阪府大阪市中央区博労町　難波神社
開催時期／毎年 7 月 20 日・21 日
問い合わせ先／ 06-6251-8000（難波神社）

参考文献一覧

●『祭りと行事のごちそう』(「ふるさとの家庭料理――聞き書」別巻)、農山漁村文化協会、2004 年
●溝口政子/中山圭子『福を招くお守り菓子――北海道から沖縄まで』講談社、2011 年
●南里空海『神饌――神様の食事から〝食の原点〟を見つめる』世界文化社、2011 年
●新谷尚紀監修『日本の「行事」と「食」のしきたり』(プレイブックスインテリジェンス)、青春出版社、2004 年
●柳原一成/柳原紀子『ニッポンの縁起食――なぜ「赤飯」を炊くのか』(生活人新書)、日本放送出版協会、2007 年
●成瀬宇平『四十七都道府県・魚食文化百科』丸善出版、2011 年
●杉岡幸徳『日帰りで行く関東の祭り――江戸三大祭りから、珍祭・奇祭まで、祭りの魅力と不思議を堪能しよう!』かんき出版、2004 年
●佐藤謙三校註『今昔物語集　本朝世俗部』上(角川文庫)、角川書店、1954 年
●毎日新聞社盛岡支局/岩手県文化財愛護協会編『岩手の年中行事――ふるさとの民俗歳時記』(「岩手県文化財普及シリーズ」第 3 巻)、岩手県文化財愛護協会、1984 年
●柳田国男『遠野物語』(集英社文庫)、集英社、1991 年
●遠野郷八幡宮創建八百年誌編集委員会編『遠野郷八幡宮創建八百年誌』遠野郷八幡宮社務所、1987 年
●河原町誌編集委員会編『河原町誌』河原町、1986 年
●安田喜憲編『龍の文明史』八坂書房、2006 年
●松岡健「村落の境界と空間構造に関する一考察――京都市北区雲ヶ畑を事例として」「立命館地理学」第 4 号、立命館大学、1992 年
●山路興造監修『京の歳時記――今むかし』(別冊太陽　日本のこころ)、平凡社、2006 年
●狭山市「なすとっかえと竜神さま」(https://www.city.sayama.saitama.jp/manabu/rekishi/ehon/irumagawa/nasu.html)[2016 年 8 月 19 日アクセス]

●巻末資料
まだまだある、全国の食べるお守り・まじない食

❶1月1日
稲荷神社の板の魚
（福井県美浜町）
サバ【海上安全・大漁】
サバで有名な若狭の稲荷神社で、男子2人が裃姿でその年の恵方に向かってサバを切り、大漁を祈願する。

❷1月1日
加茂神社の鰤分け神事
（富山県射水市）
ブリ【無病息災】
京都下鴨神社の領地だった加茂神社で、元旦の朝に塩ブリ6尾を神前に供え、神事のあとに鏡餅と塩ブリを切り分け、氏子全世帯に配る。これを食べると無病息災とされる。

❸1月1—3日
西伊豆・田子の潮鰹
（静岡県賀茂郡）
潮鰹【豊漁豊作・航海安全・子孫繁栄】
カツオ漁で栄えた西伊豆の漁港・田子では、カツオを塩蔵にして乾燥させワラでお飾りを付けた潮鰹を神棚に供え、正月を祝い、豊漁豊作・航海安全・子孫繁栄を願う。正月魚（しょうがつよ）とも呼ばれる。三が日過ぎたら神棚から下げみんなに振る舞う。

❹1月3日
真山神社の紫灯祭
（秋田県男鹿市）
護摩餅【無病息災】
大晦日に山から下りた神の使者ナマハゲに、紫灯の火で焼いた護摩餅を献じる。護摩餅は神への捧げものであり、神力が宿っていると考えられた護摩餅を、ナマハゲが神のもとへ持ち帰る。護摩餅を食べると無病息災とされる。

❺1月8日
十日えびすは9—11日
西宮神社の十日えびす
（兵庫県西宮市）
招福まぐろ【大漁・商売繁盛】
十日えびすに合わせて招福まぐろを奉納。大マグロに数万枚の貨幣を貼り付けて願をかけ、大漁と商売繁盛を願う。マグロのほかに大鯛の奉納もある。

❻1月15日
諏訪大社の筒粥神事
（長野県諏訪市）
筒粥【豊凶を占う】
諏訪大社春宮でおこなわれる神事。米と小豆を入れた葦筒を大釜でひと晩炊き、小豆粥を作り、翌日筒を割ったときの状態でその年の農作物の豊凶と世の吉凶を占う。44本の筒で、43の作物と世の中の吉凶を見る。

❼1月23日
大安寺の笹酒祭り
（奈良県奈良市）
笹酒【ガン封じ】
中国の故事にならい大安寺の竹林で笹酒を飲み無病息災を得た光仁天皇にちなみ、笹酒が振る舞われる。当日はガン封じ祈禱もおこなわれ、笹酒を飲むとガン封じになるとされる。

❽2月第1日曜日
だご祭り
（鹿児島県志布志市）
ダゴ花【豊作祈願】
田ノ浦山宮神社でおこなわれる例祭。色とりどりの餅を飾った孟宗竹（ダゴ花）を奉納し、豊年祈願する。祭りのあとにはダゴが配布され、このダゴを食べると1年を無病息災で過ごせるとされる。ダゴを抜いた串はモグラよけや虫よけとして、田の水口に刺す。

⑨2月8日
戸沢のねじ行事
（長野県上田市）
ねじ【子どもの成長・無病息災】
子どもたちと母親が一緒にワラ馬を引き、道祖神にねじを供え、ほかの家のねじと交換する。無病息災を祈る行事で、ねじを食べると風邪を引かないともいわれる。ワラ馬は屋根に投げ上げる。

⑩2月19－21日
十二所神社の里芋祭り
（千葉県館山市）
サトイモ【豊作・無病息災】
サトイモを山のように積んだ独特の神饌を供え、祭りをおこない、1年の豊作や無病息災を祈願する。祭りのあとには、ツミバンナカマ（積み番仲間）で直会をする。

⑪5月3日
造田神社の釜鳴り神事
（香川県さぬき市）
御炊米【無病息災・厄よけ開運】
洗った米を入れた甑（こしき）を大小3基の釜に載せ、蓋をずらしたときに鳴る汽笛のような音の大小で吉凶を占う。釜で炊いた御炊米（みかしぎまい）を食べれば無病息災・厄よけ開運につながるとされる。

⑫5月4日
小玉川熊まつり
（山形県西置賜郡）
オコゼ【猟の収穫と山の神への感謝】
飯豊連峰のふもとにある小玉川地区に伝わるマタギの祭り。熊まつりの儀式では射止めた熊の冥福を祈り、猟の収穫を山の神に感謝する。狩りを模擬実演し、山の神の好物とされるオコゼを奉納する。熊汁販売あり。

⑬5月31日－6月1日
八代神社の氷室祭
（熊本県八代市）
雪餅【無病息災】
城主が無事に夏を乗りきれるように、冬の雪を蓄えた氷室から住民が雪を献上したのが起源の氷室祭。現在は雪の代わりに雪餅を食べ、無病息災を祈る。

⑭旧暦8月1日
（例年9月ごろ）
芦屋の八朔
（福岡県遠賀郡）
だごびーな【子どもの成長】
旧暦8月1日の八朔の節句に、その家で初めての男児にはワラで作ったワラ馬を、初めての女児には団子びな（だごびーな）を用意し、座敷に飾って子どもの健やかな成長を祈る。

⑮8月14日
餓鬼めし
（香川県小豆郡）
釜飯【死者の供養・無病息災】
小豆島を流れる別当川の河原で、8月14日の早朝、無縁仏を供養するために釜で五目飯を炊き、柿の葉に盛って供える。別名「川めし」とも呼ぶ。餓鬼めしを食べると1年病気をしないと伝わる。

⑯5月15－17日・10月15－17日
神明宮のあぶりもち神事
（石川県金沢市）
あぶり餅【悪事災難厄よけ】
悪事災難厄よけ伝統特殊神事であるあぶりもち神事では、御幣の形のように串に餅を飾り〝家守（いえまもり）〟とし、これをあぶったものを食べると身体の災厄を免れると信じられる。

⑰11月8日
高川の早飯喰い
（高知県高知市）
飯【豊作祈願】
平家の落人伝説が残る土佐山・高川地区で、高川仁井田神社の秋祭りのなかでおこなわれる奇祭。源平合戦前の慌ただしい食事になぞらえ、ご飯を早く残さず食べることが作法。神事のあと、頭人が味噌や湯を持って走り回りながら給仕し、参加者は大盛りのご飯を慌ただしくかき込む。

⑱11月第2日曜日
大賀神社の板の魚
（三重県南伊勢町）
マグロ、鯛、カツオ【1年の報恩感謝・大漁】
石持魚と呼ばれる御神饌の魚（塩漬けのマグロ、鯛、カツオ1対）をまな板に載せ、包丁を使わずにさばき、再び元の姿に整える。魚は神事のあとに切り分けられ、御供さんとして参加者に配られる。

⑲12月5日・2月9日
あえのこと
（石川県能登半島一円）
小豆ご飯、ハチメなど【収穫の感謝・五穀豊穣】
能登半島に伝わる田の神への感謝を表す農耕行事。田の神を自宅に迎え、食事と風呂でもてなすことで、神への感謝を表す。神膳には小豆ご飯、尾頭付きのハチメ（メバル）、稲穂に見立てたタラの子漬けなどが用いられ、箸には栗の木を用いる。田の神は夫婦神なので、膳や箸も2つずつ用意する。

⑳通年
千代保稲荷神社
（岐阜県海津市）
油揚げ【商売繁盛】
おちょぼさんの愛称で親しまれる千代保稲荷神社に稲ワラで結んだ油揚げをお供えし、商売繁盛を願う。毎月1日の縁日は前日の深夜から翌朝までたくさんの人でにぎわう。

㉑通年
鵜戸神宮
（宮崎県日南市）
おちちあめ【母乳がよく出る】
鵜戸神宮の岩窟には、豊玉姫命が育児のために乳房をくっつけていったと伝わるおちちいわがあり、おちちいわからしたたる清水を使ったおちちあめをなめると母乳の出がよくなると信じられる。

あとがき

まじない食の世界、いかがでしたか？

健康でありますように、大漁・豊作でありますように、事故がありませんように、安産でありますように、子どもが健康に育ちますように――本書で取り上げたまじない食にはさまざまな願いごとが込められています。

「願い」とは、こうありたいと未来をイメージすること。だからこそ、願いごとにはその人が何を大切にしているかが現れています。「あなたにとって大切なものはなんですか？」――まじない食はそんなふうに私たちに問いかけてきます。

本書で取り上げたまじない食や祭りのなかには後継者不足に直面しているものもあると聞きます。いまはまだまじない食を受け継ぐ人たちがいてくれるからこそ、実際に味わうこともできますが、十年先・二十年先の未来にもいまと同じようにまじない食が作られているだろうかと想像すると心もとない気持ちになります。本書が、まじない食を残し伝えることに少しでも役に立ってくれたらうれしく思います。

最後に、まだ形にさえなっていなかった企画に光をあて、執筆の機会を与えてくださった青弓社の矢野未知生さん、まだ書籍化も決まっていなかった段階から取材を快諾して、たくさんのことを教えてくれたみなさんに心からお礼を申し上げます。

美しい各地の風景と、豊かな食文化が、これからも受け継がれていくことを願って。

吉野りり花

取材でお世話になった方々（順不同）

神光院　德田智圓ご住職
田中邦夫様
奈多公民館長　木村洋様
和白コミュニティセンター　山野航洸様
鳥取市教育委員会河原町分室　西村様
河原町民俗行事を語る会　谷幸彦様、語る会のみなさん
遠野郷八幡宮　多田頼申様、多田宣史様、多田梨絵様
遠野伝承園　菊池美保様
土淵老人クラブのみなさん
遠野ふるさと村　松本様、まぶりっと衆のみなさん
今淵博美様、阿部弘様
遠野ぶれんど　新田豊様、菊池克好様、菊池正彦様
東北文化財映像研究所　阿部武司様
狭山市教育委員会　半貫芳男様、石塚和則様、吉田弘様
ハム民の会　今野広志様、佐々木淳様、山崎弘隆様、佐藤智典様
高橋利枝様
中野餅屋　中野善子様、中野大岳様
菓子職人　岡雅久様、岡秀子様
八幡八雲神社　柚井様
日本経済新聞社　渡辺智哉様

本書は、青弓社ウェブサイトで連載していた「にっぽん縁起食図鑑」（全10回）を加筆・修正して、書き下ろしを加えた。

［著者略歴］
吉野りり花（よしの・りりか）
旅ライター・旅エッセイスト
鹿児島県生まれ
早稲田大学第一文学部（日本文学専修）卒業後、出版社勤務を経て、フリーランスライターに。日本各地を旅した経験を生かし、日本の旅や食文化のエッセーやコラムを執筆する。現在は「NIKKEI STYLE」（日本経済新聞社・日経BP社）、「大人のレストランガイドNEWS」（日本経済新聞社・ぐるなび）、各種会員誌などに旅エッセーや食文化コラムの連載をもつ

日本《にほん》まじない食図鑑《しょくずかん》　お守りを食べ、縁起を味わう

発行――2016年9月12日　第1刷
2018年9月20日　第3刷

定価――2000円＋税

著者――吉野りり花

発行者――矢野恵二

発行所――株式会社青弓社
〒101-0061 東京都千代田区神田三崎町3-3-4
電話 03-3265-8548（代）
http://www.seikyusha.co.jp

印刷所――三松堂

製本所――三松堂

ISBN978-4-7872-2066-0 C0026

合田一道

日本の奇祭

尻振り祭り、鍋冠り祭り、ベッチャー祭り、提灯もみ……。生活に深く根ざした祭りは、その土地の色であり、匂いであり、温度そのものである。各地で連綿と受け継がれている奇祭を訪ね、写真を添えて紹介する。　定価2000円＋税

魚柄仁之助

台所に敗戦はなかった

戦前・戦後をつなぐ日本食

家庭の食事を作っていた母親たちは、あるものをおいしく食べる方法に知恵を絞って胃袋を満たしていった。戦前―戦中―戦後の台所事情を雑誌に探り、実際に作って、食べて、レポートする、「食が支えた戦争」。　定価1800円＋税

西村大志／近森高明／右田裕規／井上義和 ほか

夜食の文化誌

ラーメンやおにぎりなど、受験勉強や夜型生活になくてはならない夜食は、どのようにして全国に普及して、一つの文化として成熟したのか。文化的・歴史的な過程をたどりながら、夜食と日本人との関係を考察する。定価1600円＋税

矢野敬一

「家庭の味」の戦後民俗誌

主婦と団欒の時代

高度成長期に農村部で拡大した自家製味噌造りや調理方法のリテラシー、旧正月から新正月への移行などから、戦中から戦後に編成されていった「主婦」「家庭」という規範を読み解き、日常生活の変容を追う。　定価3400円＋税

武田尚子

もんじゃの社会史

東京・月島の近・現代の変容

月島を代表する文化＝もんじゃを題材にして、下町とウォーターフロントの両面をもつ月島の歴史を描き、商店街の経営者たちのネットワークや働く女性たちのたくましさ、進化する下町のローカル文化を照らす。　定価2000円＋税